Le *Shadow banking*

Groupe Eyrolles
61, bd Saint-Germain
75240 Paris Cedex 05
www.editions-eyrolles.com

Cercle Turgot
et Laboratoire Régulation financière
Sous la direction de
Constantin Mellios et Jean-Jacques Pluchart

Le *Shadow banking*

Qu'est-ce que la finance parallèle ?

Quel est son rôle ? Comment la réguler ?

EYROLLES

Sommaire

PARTIE 2 – LES DÉFIS DE LA RÉGULATION DU *SHADOW BANKING*

Le laboratoire d'excellence Régulation financière

La régulation des activités financières est au centre de l'actualité économique et politique. La crise a en effet amené les régulateurs mais également le monde académique à se poser des questions nouvelles sur l'efficacité des politiques de régulation. Pour répondre à ces interrogations, le laboratoire d'excellence sur la régulation financière (Labex Réfi) a été constitué à l'initiative du CNAM, de l'ENA, de l'université Paris-I Panthéon-Sorbonne et d'ESCP Europe (porteur du projet) dans le cadre du grand emprunt. Financé sur dix ans, le Labex Réfi sera évalué par l'Agence nationale de la recherche. La gouvernance du Labex Réfi est organisée autour d'un conseil scientifique sous la direction du professeur Christian de Boissieu, d'un conseil d'orientation stratégique composé de régulateurs et de personnalités académiques et professionnelles et d'un comité exécutif où sont représentées les institutions partenaires. Le Labex Réfi est dirigé actuellement par François-Gilles Le Theule, directeur exécutif, et Raphaël Douady, directeur scientifique. Il est un centre de recherche dédié à l'évaluation des politiques de régulation. Il vise d'une part à faire progresser la connaissance du fonctionnement des systèmes financiers et de leur régulation et, d'autre part, à « conseiller » et « guider » en toute indépendance l'action des pouvoirs publics dans la mise en œuvre des politiques de régulation en apportant une expertise académique. Le Labex Réfi est un laboratoire pluridisciplinaire réunissant des économistes, des comptables, des financiers et des juristes issus de plusieurs institutions. Toutes ces disciplines s'intéressent à la régulation mais avec des outils, des langages et des systèmes d'incitation et d'évaluation qui leur sont propres. Un des objectifs du Labex Réfi est d'amener des chercheurs d'horizons différents à produire ensemble des travaux de recherche « utiles » à la mise en œuvre des politiques de régulation. C'est un enjeu important parce que la régulation a souvent été caractérisée par des logiques « en silo ». Chaque discipline travaille de manière séparée et élabore sa propre doctrine, sans parfaitement appréhender les questions posées par les interactions avec les autres disciplines.

Consulter le site www.labex-refi.com

CERCLE TURGOT
Association régie par la loi du 1er juillet 1901
Siège social : 14, rue Pergolèse – CS 11655 – 75773 PARIS Cedex 16
Conférences : Maison de la Chasse et de la Nature, Hôtel de Guénégaud - 75003 PARIS

Centre de réflexions et d'analyses financières traitant des grands sujets économiques et sociaux, il a pour vocation d'encourager les auteurs, de favoriser la recherche fondamentale et appliquée dans ces domaines, la pédagogie, principalement en économie financière, et de promouvoir les jeunes talents, économistes, auteurs et chercheurs.

L'Association édite des ouvrages, des rapports, organise ou participe à des colloques, séminaires, conférences ou débats.

L'Association se compose, outre les membres d'honneur, de membres Fondateurs, Associés, Actifs, des lauréats des éditions du Prix Turgot (25), des représentants de l'économie, de la finance et de l'entreprise. Le Cercle soutient l'événement annuel du Prix Turgot du meilleur livre d'économie financière créé sous le haut patronage du ministère de l'Économie et des Finances, et le Prix FFA-Turgot de la Francophonie en étroite liaison avec l'Association des élèves et anciens élèves de l'Institut de haute finance, **IHFI** institut créé par le président Pompidou en 1972.

Le *shadow banking* (ou système bancaire parallèle) peut être défini comme une forme de crédit intermédié en dehors du système bancaire classique. Le *shadow banking* constitue environ un quart du total des financements intermédiés dans le monde. L'importance de ce secteur parallèle – pratiquement non régulé – a considérablement augmenté depuis une quinzaine d'années.

Les activités de ce secteur ont exercé une influence non négligeable – mais sans doute pas décisive – dans l'éclatement de la crise 2007-2008.

Cependant, cette intermédiation hors du système bancaire peut jouer – et joue de fait – un rôle utile.

La « finance de marché » apporte, en effet, des ressources à l'économie, ressources que les banques ne sont pas toujours à même de fournir de façon adéquate, ne serait-ce qu'en raison des contraintes réglementaires qui pèsent sur leur activité.

Ces financements de marché sont aussi de nature à permettre la diversification des risques pris par des investisseurs.

Je suis conscient de ce que ces arguments ont été fréquemment utilisés pour justifier les développements qui ont caractérisé la montée vers la crise. La titrisation de produits complexes et mal évalués ainsi que l'excès de l'effet de levier ont, de fait, contribué à transférer des risques exagérés des bilans bancaires vers les portefeuilles d'investisseurs.

Mais force est de constater que ces développements négatifs ont été le plus souvent le résultat d'une interaction
étroite entre banques et non-banques.

La question n'est donc pas de réprimer, par principe, le
développement de la finance parallèle, mais plutôt d'encourager le développement d'une finance de marché soutenable tout en réduisant les risques d'un retour à des
pratiques condamnables dont le monde a malheureusement trop souffert du fait de la crise.

Jacques de Larosière

Avant-propos

L'ouvrage collectif *Le Shadow banking* a été conçu et rédigé par des théoriciens et des praticiens de la finance moderne, dans le cadre d'une coopération ponctuelle entre le **Laboratoire d'excellence régulation financière** (Labex Réfi), qui regroupe des chercheurs de l'université Paris-I, de l'ESCP Europe, du CNAM et de l'ENA, d'une part, et d'autre part, le **Cercle Turgot**, *think tank* qui réunit des personnalités de la finance et décerne chaque année le prix Turgot du meilleur livre francophone de finance. Le projet de cet ouvrage a été formé à l'issue d'un colloque organisé le 28 février 2014 à la Sorbonne, dont les actes ont été publiés dans la *Revue Banque*.

Cet ouvrage[1] analyse – au-delà des nombreux rapports officiels et articles scientifiques qui y sont consacrés – les facteurs d'émergence, les conditions de développement et les modes de régulation des entités et des activités du *shadow banking*, insuffisamment ou non réglementées. Les contributions des auteurs à la réflexion sur la finance parallèle – qui n'engagent qu'eux seuls – mettent en lumière l'importance des enjeux attachés à la compréhension et à la régulation des techniques encore non maîtrisées de la finance moderne.

---

1. La rédaction de cet ouvrage a été achevée en janvier 2015.

Du *shadow banking* aux *shadow bankings*

Le développement de la « finance de l'ombre » (*shadow banking*)[1] reste un phénomène méconnu malgré l'abondance des rapports officiels – notamment du Comité de stabilité financière (CSF) et du Fonds monétaire international (FMI) –, des études universitaires et des articles économiques qui y ont été consacrés depuis l'introduction en 2009 du terme *shadow banking* par Paul Mc Culley du cabinet Pimco. L'identification des causes, la reconnaissance des formes et la mesure des conséquences du *shadow banking* (SB) constituent pourtant des préalables nécessaires à sa régulation. Cette méconnaissance est généralement attribuée à la complexité de ses structures et à la diversité de ses instruments, mais n'est-elle pas également attribuable à diverses contingences, d'ordre technologique (l'innovation financière), économique (la globalisation des marchés), politique (les priorités nationales) et/ou socioculturel (les rapports des investisseurs au rendement et au risque)... ? Ces questions méritent d'être débattues.

---

1. Également appelée « banque de l'ombre », *non-banking*... ou « finance de l'ombre », « parallèle », « alternative », « désintermédiée », « de marché » (*market-based*)...

Un périmètre incertain

Le périmètre du SB est difficilement traçable. Le CSF et le FMI retiennent les entités exerçant des activités d'intermédiation financière insuffisamment réglementées, non couvertes par des garanties publiques, ne pouvant recevoir de dépôts des épargnants et devant se financer directement sur les marchés financiers ou par divers autres canaux. Les circuits du SB bénéficient généralement de systèmes de taxation et de contrôle différents de ceux de la banque traditionnelle et des marchés financiers classiques.

Les entités de SB (ou *SB system*) ont été regroupées par le CSF en banques d'investissement ou *credit investment funds* (fonds mutuels, de pension, d'assurance-vie...), en fonds négociés en Bourse (*exchange-traded funds* ou ETF), en fonds de placement monétaires (*money market funds* ou MMF), en fonds alternatifs ou spéculatifs (*hedge funds*), en fonds de capital-investissement (*private equity funds*), en sociétés de garantie de crédit, en trusts de gestion d'actifs, notamment immobiliers (*real estate investment trusts*). D'autres sources incluent dans le *SB system* diverses entités de *quasi-banking*, comme les sociétés d'affacturage ou *factoring* (crédit inter-entreprises), les établissements de micro-crédit ou les sites de *crowdfunding*. De nombreuses parties prenantes contribuent au développement et au fonctionnement du SB : les banques classiques, originatrices de divers flux du SB, les agences de notation de certains véhicules du SB, les organisations financières internationales (notamment le CSF, le FMI, la BRI), les régulateurs et les banques centrales.

Il en résulte que la masse des actifs financiers relevant du SB est difficilement mesurable. Leurs encours ont été estimés par le CSF à 75 000 Md$ à fin 2013, soit un montant comparable aux 72 000 Md$ du produit intérieur brut mondial de l'année 2013. Les actifs du SB étaient estimés à 21 000 Md$ à fin 2002 et sont prévus à environ 80 000 Md$ à fin 2014. Cet encours représenterait le quart des actifs financiers mondiaux et plus de la moitié des actifs bancaires. Selon le dernier rapport (2014) du CSF, les États-Unis, la zone euro et le Royaume-Uni détiendraient à eux seuls les trois quarts des actifs relevant du SB, mais la progression des activités du SB est la plus forte dans les BRIC et les pays émergents, notamment en Chine, en Inde, en Indonésie et en Russie. Les fonds d'investissement immobiliers, les autres fonds d'investissement et les fonds alternatifs, ou *hedge funds*, connaissent apparemment les expansions les plus rapides.

LES FACTEURS DE CROISSANCE DU SB

« Le SB a tendance à prospérer quand des régulations bancaires strictes sont mises en place, menant à un contournement des règles », estime Gaston Gelos, un des experts du FMI. Cette formule recouvre deux mouvements contradictoires. Dans un premier temps, la libéralisation financière au cours des années 1980, fondée sur la croyance en l'autorégulation des marchés financiers, a favorisé le développement des marchés de gré à gré non régulés de produits dérivés, destinés à mieux couvrir les risques de change et de taux. Mais, dans un second temps, cette dérégulation a entraîné une multiplication des opérations − plus ou moins spéculatives − de financement à fort effet de levier. Les banques classiques, soumises à la pression de leurs actionnaires et aux normes prudentielles (notamment les ratios de fonds propres) du Comité de Bâle, ont transformé le modèle bancaire traditionnel (qualifié d'*originate to hold*) en déconsolidant de leurs bilans une partie de leurs actifs par la titrisation de leurs créances les plus risquées (*repackaging*) et leur revente en produits structurés sur les marchés financiers par l'intermédiaire d'établissements financiers *ad hoc* (modèle *originate to repackage and sell*). Ces derniers se sont refinancés en émettant principalement des billets de trésorerie (*commercial paper*) acquis par des fonds communs de placement monétaires (*money market funds*). Ce marché a prospéré sous l'effet des faibles taux d'intérêt bancaires pratiqués dans les pays industrialisés, qui ont entraîné certains investisseurs dans une course aux « rendements élevés » (*high yield*) servis par le SB.

DES RISQUES DE NATURES DIVERSES

L'exercice de ces diverses activités du SB comporte des risques spécifiques de crédit ou de défaut, de rendement, de liquidité, de transfert…, mais le risque – dit « systémique » – de contamination d'une crise du SB au secteur bancaire traditionnel et à l'ensemble de l'économie, suivant le schéma de la crise des *subprimes* de 2007-2008, est le plus redouté. Les autres types de risques engendrés par certaines activités du SB n'en sont pas moins négligeables. Ainsi, par exemple, bien que bénéficiant d'une bonne réputation financière, les fonds monétaires (et notamment les VLC ou fonds monétaires à valeur liquidative constante) représentent un risque potentiel de défaut et/ou de liquidité, en l'absence de refinancement par une banque centrale. Bien que réglementées en Europe, les compagnies d'assurances détiennent une partie importante d'actifs non régulés (des produits d'assurance-vie, des crédits assurantiels…) relevant du SB. Par ailleurs, certaines sociétés d'investissement se livrent à des opérations à fort effet de levier comportant des risques de crédit et de liquidité. Les opérations de *repo*[1] (*sale and repurchase agreement* ou « mise en pension ») sont exposées à un risque de défaut de la part de l'emprunteur...

UNE RÉGULATION LONGUE ET DIFFICILE

Face à ces menaces, les initiatives publiques et privées destinées à encadrer et à réguler certaines des activités relevant du SB se sont multipliées depuis la crise financière de 2007-2008. À l'échelon international, le Comité de Bâle a édicté en 2011 un nouveau référentiel – dit « Bâle III » – qui renforce les exigences de fonds propres des banques, met en place des ratios de liquidité et pose une limite au levier de crédit. À la demande du G20, le CSF a présenté un ensemble de recommandations destinées à renforcer les exigences prudentielles imposées aux SIFI[2] (institutions financières à caractère systémique). La Commission européenne a édicté en 2010 une directive imposant des obligations de transparence aux *hedge funds* et a réformé la directive MIF sur les marchés financiers, en rendant obligatoire la négociation des instruments dérivés sur des plateformes organisées. Par ailleurs, le rapport Liikanen a formulé en 2012 des propositions visant à segmenter les activités bancaires. À l'échelon national, l'administration

---

1. Le *repo* (ou vente de titres au comptant, suivie d'un rachat à terme à un tarif et une date connus) constitue une source de refinancement de certaines banques traditionnelles auprès des banques centrales.
2. Groupes bancaires ayant deux caractéristiques : une grande taille et une forte interconnexion avec des banques d'investissement, des fonds spéculatifs... 29 SIFI ont été identifiées, dont 4 sont françaises : BNP Paribas, Société Générale, Crédit Agricole et BPCE.

américaine a fait voter le Dodd and Frank Act (juillet 2010), qui vise notamment à limiter la prise de risque des banques commerciales en relation avec les acteurs du *shadow banking system*. Le Parlement britannique a adopté le dispositif proposé par la Commission Vickers sanctuarisant les activités de banque de détail, afin de les protéger des risques liés aux activités de banque d'investissement...

Malgré ces avancées et bien que sur-réglementé, le secteur bancaire demeure vulnérable. Paul Tucker (ancien directeur du risque de la Banque d'Angleterre) en vient à se demander si le modèle adopté pour la régulation bancaire est bien adapté à l'univers du SB. Selon le FMI, une coopération internationale est nécessaire afin d'éviter qu'un renforcement des règles dans un État ne conduise à une migration de ce marché vers des pays plus permissifs.

Comment donc consolider des systèmes hétérogènes présentant des risques de natures diverses, mais exerçant un rôle complémentaire aux banques dans le financement de l'économie réelle ? Comment concilier les diagnostics des dérives possibles de ces systèmes et leurs modes de régulation – plus ou moins compatibles – proposés par leurs parties prenantes ? Comment éviter les effets d'aléa moral en cas d'intervention des banques centrales auprès de certaines entités du SB ?... Les auteurs de cet ouvrage s'efforcent de répondre à ces questions.

LE PLAN DE L'OUVRAGE

L'ouvrage comporte neuf chapitres organisés en deux parties, respectivement rétrospective et prospective.

La première partie porte plus particulièrement sur les facteurs du développement, sur les différentes formes et sur les diverses implications du SB.

Dans le chapitre 1, Jean-Paul Betbèze souligne l'intérêt de mieux connaître la banque parallèle, d'en tester les risques internes et externes, notamment de contamination entre la « non-banque » et la banque classique. Deux domaines méritent, selon lui, une attention particulière : l'assurance qui pourrait engendrer des risques à long terme ; la banque parallèle dans les pays émergents, dont certaines activités justifient pleinement son qualificatif de banque « de l'ombre ».

Dans le chapitre 2, François Baudu et Constantin Mellios comparent les multiples définitions du SB et leurs impacts respectifs sur l'ampleur du phénomène. Ils montrent comment il s'est affirmé comme un véritable canal de financement alternatif aux canaux traditionnels. Ils mettent en évidence les mutations des modes d'intermédiation bancaire et dégagent les perspectives d'évolution des nouveaux canaux de financement de l'économie.

Dans le chapitre 3, Jean-Claude Gruffat distingue deux préoccupations majeures suscitées aux États-Unis par le SB : l'impératif de concurrence − le *level planning field* − et, surtout, le risque systémique, c'est-à-dire la crainte que la faillite d'une des « non-banques » ferait courir à l'ensemble du système financier. Il montre que le SB contribue à développer la concurrence dans un secteur financier dominé par quelques grandes banques et qu'il est à la fois sain et utile pour le financement de l'économie de diversifier et de spécialiser les financeurs, mais qu'il faut éviter, comme c'est le cas en Chine, de laisser aux « non-banques » le soin de financer les secteurs les plus exposés et les moins capitalisés.

Dans le chapitre 4, Alexis Collomb dresse une typologie originale des flux du SB, puis s'intéresse à deux catégories de flux correspondant aux innovations numériques les plus récentes, le *crowdfunding* et le *peer-to-peer lending*.

Dans le chapitre 5, Dominique Chesneau estime que, face à des réglementations prudentielles croissantes et à la concurrence d'un modèle bancaire anglo-saxon agressif, les établissements financiers européens – et notamment français – vont poursuivre le modèle *originate to distribute*. Il souligne l'intérêt d'une relance, par des initiatives publiques et privées, de divers mécanismes sécurisés de titrisation et d'affacturage des créances commerciales, de prêts directs aux sociétés non financières (SNF) sous l'égide des normalisateurs et des superviseurs européens et nationaux afin de renforcer la confiance de l'investisseur et la stabilité systémique.

La deuxième partie de l'ouvrage porte plus particulièrement sur les perspectives du SB et sur ses voies de régulation.

Dans le chapitre 6, Christian de Boissieu met en lumière l'aspect dual du SB, qui répond aux besoins des emprunteurs et des investisseurs privés, mais pose de redoutables défis aux pouvoirs publics, notamment aux régulateurs et aux banques centrales. Un nouveau SB – qu'il appelle un *shadow shadow banking* – ne risque-t-il pas d'apparaître en réaction à la mise en œuvre des futurs dispositifs de Bâle III et de la directive AIFM ?

Dans le chapitre 7, Vivien Levy-Garboua et Gérard Maarek décrivent l'émergence actuelle d'un nouveau paysage financier international. Ils en analysent les sources d'instabilité, puis esquissent une nouvelle politique financière qui viendrait compléter la politique monétaire actuelle. Ils en concluent qu'il faudrait compléter la stratégie de la Banque centrale par une stratégie orientée vers la stabilité des marchés, ne se limitant pas à de simples mesures de prévention macro-prudentielle. Ils proposent également de distinguer deux types de conjoncture : dans les périodes normales − de « paix » −, les outils actuellement envisagés suffisent, et les marchés doivent jouer leur rôle ; dans les périodes de désordre financier − de « guerre » −, un arsenal nouveau − encore à construire − doit être mis en œuvre.

Dans le chapitre 8, Pascal Blanqué souligne que l'expression « finance de marché » (*market-based financing*) est plus appropriée que celle de « banque de l'ombre », car elle contribue d'autant plus au financement de l'économie réelle que les banques classiques allègent leurs bilans (*deleveraging*). Les interprétations différentes des horizons du cycle financier (prix d'actifs), du cycle de crédit (bancaire et non bancaire) et du cycle de croissance rendent leur régulation à la fois complexe, ouverte et essentielle. La question est donc d'identifier les zones sensibles, de tenir compte des mécanismes protecteurs existants tout en évitant les effets contre-productifs éventuels d'une régulation inappropriée. L'auteur montre que la gestion d'actifs est directement partie prenante dans le SB, dans la mesure où sa fonction est de transformer de la liquidité.

Dans le chapitre 9, Jean-Jacques Pluchart analyse les disparités des *shadow banking systems* des économies émergentes. Il traite plus particulièrement les cas emblématiques de la Chine populaire, de l'Inde et de la Corée du Sud. Il montre que la régulation du SB sera d'autant plus longue et difficile que les intentions et les comportements des parties prenantes des BRIC et des pays émergents vis-à-vis de la banque parallèle se présentent comme étant à la fois politiquement orientés et culturellement encastrés.

En conclusion, Constantin Mellios et Jean-Jacques Pluchart observent que les réflexions avancées par les auteurs de l'ouvrage mettent en lumière les paradoxes du SB, qui reposent sur des facteurs et sur des effets de nature historique et géopolitique. Ils montrent que la révolution financière amorcée dans les années 1980 a conduit à une profonde reconfiguration du système financier en trois blocs. Ils s'accordent à privilégier les mesures de régulation indirecte des instruments financiers, car des dispositifs réglementaires et des systèmes de régulation trop contraignants risqueraient d'être contournés par de nouvelles formes de *shadow shadow banking*. Le chantier de la régulation du SB semble devoir faire appel à un « travail de l'ombre » austère, rigoureux et de longue durée, impliquant du courage politique, de la diplomatie internationale et de l'expertise financière et comptable.

Partie 1

L'expansion rapide du *shadow banking*

Chapitre 1

Shadow banking contre banking

Jean-Paul Betbèze

Le *shadow banking*, la « banque de l'ombre », maintenant devenue la « banque parallèle », est, de manière générale, une intermédiation de crédit qui se situe en dehors du système bancaire traditionnel. Son poids varie en fonction des pays et plus exactement de leurs systèmes de financement. Mais il représente désormais le quart de l'intermédiation bancaire mondiale. Ce chiffre est énorme et méconnu. C'est dire que nous vivons en fait, après la crise mondiale de 2007, une mutation accélérée du financement de l'économie mondiale, aux États-Unis, en zone euro et aussi dans les pays émergents. Il importe d'en connaître les raisons pour en tirer les conséquences et se demander si le système financier mondial est devenu plus, ou moins, sûr.

Nous le savons, le monde de la finance est dual, direct et indirect. Le financement direct se fait par les marchés financiers. Il est censé être un « marché de gros », ouvert à des acteurs avertis, et de taille suffisante pour exprimer des demandes de financement importantes et complexes. Ces acteurs sont jugés assez avertis pour pouvoir les traiter, autrement dit pour pouvoir en supporter les secousses. Le financement indirect, intermédié par la banque, est fondamentalement celui du crédit bancaire fait à des tiers. Il est financé par les fonds propres des banques, leurs emprunts obligataires et surtout par les dépôts bancaires. Finance directe et finance indirecte se partagent ainsi le marché du financement des économies selon deux logiques classiques : la première est celle de la taille des clients, la deuxième de la complémentarité/porosité des marchés. En attendant que vienne la troisième logique : les effets de la révolution de l'information et de la régulation post-crise – en veillant aussi aux risques que tout ceci apporte.

FINANCE DIRECTE OU INDIRECTE : QUELS RAPPORTS ?

La taille des acteurs, et plus nettement celle des entreprises, est l'explication majeure du partage entre finance directe et finance indirecte selon les pays. C'est bien parce que les grandes et les très grandes entreprises ont un poids relatif bien plus important que les PME aux États-Unis que la finance directe y est plus présente, et symétriquement en zone euro. Les écarts sont très significatifs, puisqu'on parle de deux tiers de financement par les marchés financiers aux États-Unis contre un tiers par les banques, et symétriquement en zone euro : deux tiers de financement bancaire, un tiers de financement marché.

La granularité des acteurs est à l'origine de l'organisation bancaire et financière. Au début, c'est parce que leur taille moyenne est élevée aux États-Unis que le financement est surtout marchéisé. Il entraîne à sa suite des acteurs capables de demander et de gérer de « gros tickets ». Ce sont ainsi des fonds, monétaires ou non, des compagnies d'assurances et des fonds de retraite qui se développent. Aux États-Unis, cet ensemble recouvre divers types de placements qui dépassent largement le financement à crédit (fonds de titrisation, *hedge funds*, fonds monétaires), avec chaque fois un couple rémunération/risque plus élevé.

En Europe continentale, c'est parce que les entreprises sont plus petites et préfèrent travailler avec un nombre réduit de banques dans la durée – banques qui leur offrent une vaste gamme de prestations – que les marchés puis la banque parallèle ont des parts réduites. Les autorités de régulation se soucient alors surtout des banques. Elles examinent comment elles traitent de manière statistique le risque de crédit en fonction de divers paramètres : taille, secteur, ratios de structure de bilan et de rentabilité. C'est cette régularité statistique qui a permis ici, d'un côté, le cycle crédit-croissance et, d'un autre, le cycle dépôts-crédits, autrement dit de prendre le risque économique et social de réunir les dépôts monétaires aux crédits, crédits de taille toujours plus grande. C'est cette régularité qui a permis aussi des dérivations jugées bénignes au début, les dépôts bancaires étant redirigés vers des gestionnaires d'actifs par exemple, à charge pour eux d'acheter des actions, des obligations publiques ou d'entreprises, ou encore des crédits (titrisation). En zone euro, on peut juger que la finance intermédiée s'est ainsi trouvée à l'origine du *shadow banking*.

En Chine, on assiste à un troisième cas de figure, non pas lié à l'importance native des marchés, comme aux États-Unis, ou à l'importance historique des banques, comme en zone euro, mais à la faiblesse des marchés et des banques face à l'importance des entreprises. Le *shadow banking* représente ainsi entre 30 % et 50 % du PIB chinois, soit au moins autant qu'ici et assez près de ce qui se passe aux États-Unis. La raison en est que de grandes entreprises se financent avec difficulté auprès des banques. Elles s'adressent donc à des entités qui ont elles-mêmes accès aux banques. Ceci implique des marges de crédit assez importantes, en liaison avec les risques pris, donc des risques de faillite significatifs. Trois éventualités se présentent donc : la banque parallèle comme forme dominante aux États-Unis (zone très marchéisée), comme dérivation en zone euro (zone en marchéisation croissante) ou comme palliatif en Chine et dans les pays émergents.

FINANCE DIRECTE OU INDIRECTE : QUELLES RAISONS ?

Cette banque parallèle en forte expansion répond claire-ment à trois types de besoins. Le premier est de répondre à un besoin mal couvert, qu'on peut toujours qualifier de « faille de marché » ou d'« arbitrage de régulation ». Le deuxième besoin est celui d'une complémentarité crois-sante entre canaux de financement. Le troisième besoin est la recherche de rendement, avec les risques spécifiques que cela comporte.

Ce n'est un secret pour personne : la régulation bancaire devient partout de plus en plus contraignante. Plus de fonds propres, des « coussins de ressources » en cas de pro-blème, autrement dit des placements actions et obliga-tions qui seront « utilisés », plus de liquidités et de prêts sérieusement vérifiés et testés : la marge de manœuvre des banques en matière de financement de l'économie ne cesse de se réduire. Traditionnellement, la banque faisait des crédits plus petits en taille que le marché financier et plus délicats à apprécier que lui. Mais si l'avantage infor-mationnel se réduit, avec la taille des accès au marché, tandis qu'il faut plus de fonds propres dans les banques, c'est tout l'édifice de rentabilité qui s'érode. Des crédits « moyens », qu'il faudra, en sus, suivre et tester, ne renta-biliseront plus les fonds propres bancaires. Donc il faut peut-être originer le crédit, puis le vendre en tout ou partie gardant une marge de montage et de suivi.

Deuxième « non-secret pour personne », les banques centrales des pays très intermédiés, zone euro en tête, veulent plus de désintermédiation. C'est pourquoi la BCE, sous les auspices de Mario Draghi, pousse à la désintermédiation, en faisant pression pour que la législation prudentielle soit allégée d'un côté, et en procédant désormais, d'un autre côté, au rachat direct de crédit bancaire. Les 500 Md€ qu'il a annoncés pour que la BCE achète des crédits BBB (plus des ajustements pour les crédits mezzanine) vont bien dans ce sens radicalement nouveau. L'idée est, à la fois, de désengorger les bilans bancaires, autrement dit de réduire les tailles des banques, et de faire que la politique monétaire de la BCE ne repose plus autant sur le seul canal du crédit bancaire mais relativement plus sur celui des marchés financiers. Ainsi, les mouvements de taux seront de nature à faire réagir plus vite l'économie, notamment dans la phase actuelle de reprise lente et de taux bas. Il s'agit de pousser les entreprises à s'endetter pour investir avant que les taux ne remontent trop – ce qui leur ferait perdre une occasion historique de financement compétitif. Une occasion que les entreprises américaines n'ont pas ratée. Ajoutons que la phase actuelle de désinflation pousse les banques à optimiser leur financement : les taux nominaux ne permettent pas l'erreur en matière de crédit.

Troisième « non-secret pour personne », les détenteurs de liquidités – gestionnaires d'actifs, fonds de pension ou autres compagnies d'assurances – sont évidemment en quête de rendements. Ils ne peuvent plus chercher ces rendements pour des placements à court terme, dont le rendement est négatif (notamment à cause des frais). S'ils veulent des rendements un tant soit peu significatifs, il leur faut prendre des papiers publics à plus de cinq ans. On comprend alors que, pour une maturité supérieure à deux ans, il vaille mieux acheter du papier privé qu'ils vont garder *in fine*. Les banques ne sont pas mécontentes d'être ainsi allégées de ce papier long payé *bullet*, plus encore les entreprises prêtes à payer plus cher.

FINANCE DIRECTE OU INDIRECTE : QUELS NOUVEAUX RISQUES ?

Les raisons qui expliquent l'étonnant succès de la banque parallèle par rapport à la banque classique renvoient assez vite aux risques de l'opération.

Le premier est celui de l'opacité et de la complication des opérations en jeu. Ce risque est sensible dans les pays industrialisés, qui se souviennent de la crise récente et qui ne sont pas vraiment désireux de la rééditer. Le vrai risque est donc plutôt logé dans les pays émergents, Chine, Brésil – dans des structures qui peuvent être fragiles et qui sont, en tout cas, peu transparentes.

Le deuxième risque est celui des assurances. Il s'agit de cascades de risques des banques vers les détenteurs d'actifs, assurances en premier lieu, d'autant que ce sont les mêmes actifs, donc les mêmes risques, que l'on va trouver dans le système dans son ensemble. Par construction, la titrisation réduit la diversification.

Le troisième risque est celui de la procyclicité, la banque parallèle pouvant renforcer, et non réduire, l'importance des risques financiers. D'abord, on vient de le noter, on y retrouve les mêmes actifs, avec peut-être une tendance à ce que la banque parallèle soit plus risquée que la banque : produits relativement plus risqués, plus longs et remboursés *in fine*. Ensuite, cette banque parallèle peut, en phase de tension, chercher très vite des actifs liquides, des dépôts bancaires, qui sont par construction plus protégés.

On en vient ainsi au paradoxe où la part la plus risquée du système de financement peut chercher pour elle-même la part la plus protégée, ce qui va l'aider en partie, mais au détriment du système bancaire dans son ensemble. Enfin, le système parallèle étant peu ou pas régulé, il ne peut avoir accès à la banque centrale en cas de crise extrême. Le prêteur en dernier ressort ne le concerne pas. Même s'il ne cesse de grossir ?

FINANCE DIRECTE OU INDIRECTE : QUELLES NOUVELLES RÈGLES ?

Les dernières données sur l'expansion de la part du système parallèle dans le monde conduit à le suivre de plus près. Il serait en effet très dangereux d'en faire le déversoir des risques bancaires, avec l'idée que les marchés pourraient avoir plus d'influence sur eux, sans se soucier de sa résistance aux chocs et des risques de propagation qu'il peut lui-même susciter.

Cette démarche de régulation doit emprunter des logiques communes à celles que l'on a vues pour les banques, mais en prenant en compte leur spécificité. D'abord, il faut suivre de près les risques pris par le système et suivre, en regard de ce qui se fait pour la banque, les spécificités et les regroupements de risques que mène la banque parallèle. Il faut ensuite mettre en avant des corps de surveillance dotés des outils liés aux activités de tel ou tel. C'est l'adaptation qui fera l'efficacité. C'est la banalisation qui fera le vrai risque – donc l'échec. Il s'agit ainsi, comme toujours, de voir la concentration des risques, le degré de levier, la qualité des fonds propres et les clauses de résolution, là aussi.

FINANCE DIRECTE, INDIRECTE OU PLUS LONGUE ?

En conclusion, il faut toujours faire attention aux mots. La banque de l'ombre doit évidemment en sortir et s'ouvrir à plus de vérifications et de transparence. Mais il serait faux de penser que cette banque sortie de l'ombre est devenue « parallèle », comme si ce qui peut arriver aux banques ne devait pas l'affecter, et symétriquement. C'est plutôt d'un système en prolongement, en dérivation, en adaptation qu'il s'agit.

Ceci veut dire que la banque dite « parallèle » répond à des besoins spécifiques avec, notamment, des produits de financement plus longs, souvent remboursés *in fine*. Cette caractéristique de financement long est l'utilité profonde de cette partie nouvelle de la finance, au moment même où les banques voient se raccourcir leur propre horizon, et aussi certaines compagnies d'assurances – toujours pour des raisons réglementaires. Il ne faut pas oublier que la banque parallèle ne travaille pas avec des dépôts mais avec des crédits. Elle ne fait pas courir à l'économie et à la société les mêmes risques, et n'implique donc pas la même régulation – au risque de l'étouffer.

Mieux suivre et connaître la banque parallèle, mieux la mesurer et tester ses risques, mieux connaître les risques entre banque et banque parallèle et les risques en son sein même sont des éléments très importants pour le futur. Deux domaines méritent une attention particulière. L'assurance pourrait d'abord abriter plus de risques plus longs. Ensuite, dans les pays émergents, l'expansion forte de la banque parallèle peut s'expliquer par des raisons de croissance dans l'obscurité plus que par des raisons de croissance tout court. Là moins qu'ailleurs il n'y a de parallélisme.

Chapitre 2

Shadow banking : une alternative dans le financement de l'économie ?

François Baudu et Constantin Mellios[1]

INTRODUCTION

La crise des *subprimes*, qui a débuté en 2007, et les crises économiques et financières consécutives ont eu comme conséquence un accroissement des risques économiques et financiers ; elles ont également eu un impact sur la stabilité financière. Elles ont révélé, plus particulièrement, les faiblesses de la gestion de ces risques et du système de supervision des institutions financières. Depuis 2011, un nouveau système de supervision bancaire et financière a été mis en place en Europe et aux États-Unis. Un des objectifs de ce système est précisément de contrôler et de réduire les risques du secteur bancaire (réglementation bancaire Bâle III, CRDIV...). Les crises ont également été un révélateur de la nécessité non seulement d'améliorer la supervision du système bancaire traditionnel, mais aussi de réguler un système de finance parallèle peu ou pas régulé et plus opaque que l'on appelle communément *shadow banking*. Cette régulation, qui constitue le socle

1. Les auteurs remercient vivement Randolph Divisia (doctorant CIFRE chez BNP Paribas) pour sa contribution et leurs discussions stimulantes qui ont permis d'améliorer le contenu de ce chapitre. Les points de vue exprimés dans cet article n'engagent que leurs auteurs et n'expriment aucunement la position de leurs employeurs.

sur lequel repose la stabilité du système financier, aura des conséquences profondes sur le modèle de financement de l'économie et sur l'importance relative dans ce financement du système bancaire et du *shadow banking*. Le financement de l'économie émerge alors comme une problématique majeure dans la réflexion de tous les acteurs économiques.

Ce contexte a amené aussi bien les acteurs du monde bancaire et financier que les superviseurs à s'interroger sur le rôle de la banque dans le financement de l'économie. Dans le cadre, notamment, d'une reprise économique difficile en Europe depuis 2007, il est important de répondre au mieux aux demandes de financement des entreprises soucieuses d'être accompagnées dans le développement de leurs activités. Cependant, les nouvelles contraintes en capitaux propres des banques, le respect de certains ratios dans le cadre du dispositif de surveillance prudentielle des banques et l'assainissement de leur bilan suscitent un certain nombre d'interrogations sur les limites d'un régime de financement de l'économie en Europe et sur la contribution effective des banques dans le financement de l'économie et de la croissance. Les mutations incontournables qu'imposent les changements de réglementation, la situation économique, politique et monétaire impliquent un agenda de transition et une redéfinition du *business model* des banques.

Le système bancaire traditionnel participe du financement de l'économie et le *shadow banking* apparaît comme une alternative à ce financement. Dans un monde financier et bancaire en perpétuelle transformation, nous nous intéressons, en particulier, au *shadow banking* et à son rôle dans le financement de l'économie en Europe et aux États-Unis. En effet, le *shadow banking* fait actuellement l'objet de nombreux travaux, tant au niveau académique qu'au niveau des régulateurs et des organismes supranationaux. Sa définition, néanmoins, est sujette à caution et est l'objet de débats, tant ses contours sont difficiles à cerner. Le terme *shadow banking* englobe l'ensemble de la sphère non bancaire, qui est par essence multiforme et évolutive. Il est parfois assimilé au système bancaire parallèle, c'est-à-dire à l'intermédiation financière non bancaire, définition au sens large (*cf. infra*), qui représenterait environ 60 Tr€ en 2013 selon le dernier rapport du Conseil de stabilité financière (CSF)[1].

Le *shadow banking* s'insère aux frontières des banques et des marchés de capitaux. D'après le même rapport du CSF, l'intermédiation financière non bancaire a progressé de plus de 4 Tr€ en 2013. Le canal de financement traditionnel d'intermédiation bancaire se trouve aujourd'hui bouleversé par ces institutions financières non bancaires. L'objet de ce chapitre est donc de montrer qu'une telle intermédiation financière indirecte et de crédit peut fournir une alternative au financement des banques pour soutenir l'économie réelle dans un contexte de désintermédiation bancaire. Toutefois, ce mode de financement peut aussi s'avérer être source de risques systémiques, comme cela a été le cas dans le passé avec la crise des *subprimes*. Il convient donc de bien distinguer les différents canaux de financement non bancaires, leur rôle dans le financement et les risques qu'ils peuvent générer. Le rôle de la banque reste, cependant, central dans ce dispositif.

Dans un premier temps, nous présentons les différentes définitions du *shadow banking* les plus utilisées et leur

---

1. *Cf.* Financial Stability Board, *Global Shadow Banking Monitoring Report 2014*, 30 octobre 2014.

impact sur la mesure de sa taille (section 2), avant, dans un second temps, d'exposer son évolution ces dernières années, notamment en Europe (section 3). La quatrième section est dédiée aux canaux de financement traditionnels (l'intermédiation bancaire et les marchés financiers) et le *shadow banking* qui émerge comme un circuit de financement alternatif. La distinction entre ces trois modes de financement s'appuie sur une dimension complémentaire de la liquidité, en relation avec l'horizon temporel des investisseurs. Il est indéniable que le *shadow banking* est un canal de financement de l'économie dont le recours présente des limites qui sont exposées dans la cinquième section. Enfin, en conclusion, nous mettons en évidence, dans le nouveau contexte économique, les perspectives d'évolution des canaux traditionnels et de l'intermédiation bancaire en particulier.

Définir le *shadow banking* ?

Depuis que le G20 s'est saisi de la problématique du *shadow banking* en 2010, le CSF, mandaté par le G20, a mené une réflexion sur sa définition. Le CSF a tout d'abord adopté une approche relativement large pour décrire le *shadow banking* et a identifié deux dimensions essentielles : entités et activités. Dans son approche par entités, les entités situées en dehors du système bancaire traditionnel, pouvant assurer les fonctions premières d'une banque, sont retenues : la collecte de fonds aux caractéristiques de dépôts et l'intermédiation du crédit. Dans un second temps, l'approche par activités a été adoptée, incluant la titrisation, les prêts de titres et les opérations de pension. Le CSF a ainsi proposé une définition générale : le *shadow banking* peut être décrit en tant qu'« intermédiation de crédit impliquant des entités et des activités (entièrement ou partiellement) en dehors du système bancaire réglementé » ou encore défini comme une intermédiation de crédit non bancaire.

Dans son dernier rapport d'octobre 2014, le CSF propose une définition restreinte (*narrow measure*) avec une approche par les risques, ne souhaitant garder que la partie de l'intermédiation non bancaire (entités d'intermédiation de crédit) susceptible d'engendrer un risque systémique. Cette définition est issue de la méthodologie du Monitoring Universe of Non-Bank Financial Intermediation (MUNFI). Dans cette méthodologie, le CSF dévoile une méthode d'estimation du *shadow banking* bien différente de celles énoncées par les différentes institutions supranationales et les régulateurs. En retenant la définition restreinte du *shadow banking*, le CSF réduit la taille du *shadow banking* en déduisant des précédentes estimations des entités et activités financières non bancaires :

- les actifs financiers des entités non bancaires qui ne participent pas à l'intermédiation de crédit bancaire (par exemple, fonds d'investissement actions et fonds d'investissement immobiliers type « REIT ») ;

- les actifs financiers liés aux institutions financières non bancaires, mais qui sont consolidés dans le bilan des groupes bancaires (sociétés de financement et *brokers-dealers*) ;

- les entités financières qui n'ont pas de risques associés aux activités du *shadow banking* (transformation de liquidité, de maturité et de levier) ;

- les actifs financiers titrisés et souscrits par la banque cédante (*self-securitisation*).

Avec cette méthodologie restreinte (MUNFI) du *shadow banking*, le CSF estime désormais que l'intermédiation de crédit non bancaire représenterait environ 34,9 Tr\$ dans le monde en 2013[1].

Le CSF reconnaît toutefois les limites de sa définition restreinte du *shadow banking*. En effet, un fonds action « pur » peut engendrer des opérations d'intermédiation de crédit lorsqu'il prête des titres contre du collatéral pour en tirer une marge. Les assureurs et les fonds de pension ne sont pas compris dans la définition générale du CSF. Toutefois, ces investisseurs peuvent s'engager dans des opérations d'intermédiation de crédit en prêtant directement aux entreprises. Ces exemples illustrent bien la difficulté réelle de définir le système bancaire parallèle. La question reste ouverte. Le CSF continue ses travaux de surveillance et de collecte de données pour affiner sa compréhension du phénomène complexe du *shadow banking*.

Le Fonds monétaire international (FMI) a consacré une section entière de son rapport d'octobre 2014 à la stabilité financière et à la description de l'évolution du *shadow banking*. En fonction de la définition du périmètre, restreint ou élargi, et des sources telles que le bilan agrégé de l'ensemble des agents non financiers, les mesures de la taille du *shadow banking* peuvent aller du simple au triple. Concernant, par exemple, la zone euro, les estimations du *shadow banking* se situent entre 10 et 23 Tr€[2]. Afin de mesurer son évolution à travers le temps, la Banque centrale européenne (BCE) a estimé que le *shadow banking* est passé de 9 Tr€ en 2003 à 19 Tr€ en 2013[3]. Ces chiffres

---

1. *Ibid.*
2. *Cf.* FMI, *Global Financial Stability Report*, octobre 2014.
3. *Cf.* European Central Bank, *Banking Structures Report*, octobre 2014.

bien différents témoignent de la difficulté d'une définition claire et précise du *shadow banking*. Il n'existe pas non plus de méthodologie uniforme permettant de distinguer la part du *shadow banking* entre institutions. En effet, selon que l'on se situe aux États-Unis, en Chine ou en Europe, il recouvre des réalités bien différentes. Nous pouvons, cependant, nous référer à la définition du CSF.

LA CROISSANCE DE L'INTERMÉDIATION DU CRÉDIT NON BANCAIRE

Dans son rapport d'octobre 2014[1], la BCE évoque la part croissante du type d'institutions non bancaires (*shadow banks*) dans le financement de l'économie et précise qu'en 2013, plus de 4,7 Tr€ de crédits étaient détenus dans le bilan des institutions financières non bancaires, dont 2 Tr€ de crédits auprès des sociétés non financières (entreprises…), ainsi que plus de 4,2 Tr€ en titres de dettes (obligations).

En suivant une définition « élargie » du *shadow banking*, plus en ligne avec la notion d'un système bancaire parallèle, ce rapport montre la forte augmentation, ces dernières années, de l'intermédiation financière non bancaire. Les fonds d'investissement ont doublé depuis le début de la crise (passant de 4,5 Tr€ à la fin de 2008 à 8,4 Tr€ début 2014) et représentent 42 % des actifs du *shadow banking* tel que défini dans le rapport *Banking Structure Report*. Les actifs des fonds obligataires ont doublé, passant de 1,4 Tr€ fin 2008 à 2,9 Tr€ à la fin du premier trimestre 2014. Ce mouvement s'est accompagné d'une augmentation des fonds propres des sociétés non financières et des banques, et d'une importante vente d'actifs financiers de la part des institutions bancaires. Entre 2008 et le premier trimestre

---

1. *Cf. ibid.*

2014, la part des obligations des sociétés non financières de la zone euro détenue par les banques est passée de 40 % à 12 %, alors que celle des fonds d'investissement a bondi de 8 % à 25 %. La totalité des actifs des banques de la zone euro a baissé de plus de 5 Tr€, passant de 33,5 Tr€ en 2008 à 26,8 Tr€ fin 2013. Ces chiffres reflètent bien cette tendance de désintermédiation du financement de l'économie avec une baisse du rôle des banques dans ce financement et la mutation du canal de financement bancaire vers le canal des marchés de capitaux et du *shadow banking*. Il faudrait toutefois nuancer cette forte augmentation des actifs. En effet, une partie significative de cette augmentation est probablement liée à une forte augmentation de la valeur des actifs financiers provoquée par la baisse des taux durant cette période (dans un contexte de politique monétaire accommodante), favorisant les supports actions et produits de dette.

Cette transformation exprime bien, toutefois, l'effort constant des banques à diminuer leurs niveaux d'actifs risqués détenus dans leur bilan et d'augmenter leurs niveaux de fonds propres. Elle exprime également un changement structurel dans le financement des sociétés non financières qui s'adressent davantage aux marchés financiers qu'aux banques. Ce changement se traduit, par exemple, par le rôle croissant des fonds obligataires sur le marché des obligations d'entreprise qui a doublé depuis 2008 pour atteindre 1,2 Tr€ en 2014. Le FMI montre bien que la part du financement bancaire des sociétés non financières de la zone euro est passée de 74 % à 66 % de 2008 à 2014, et la part des émissions obligataires est passée de 11 % à 17 % pendant la même période[1]. Il existe plusieurs sources de financement

---

1. *Cf.* International Monetary Fund, *Global Financial Stability Report*, chapitre 1, octobre 2014.

de l'économie dont l'importance évolue en fonction de l'environnement économique et de la réglementation en vigueur. Nous observons actuellement une transformation des sources de financement, tant concernant l'évolution du poids de chaque source dans le financement de l'économie qu'en termes de produits et d'activités.

DES CANAUX DE FINANCEMENT TRADITIONNELS AU *SHADOW BANKING*

Les circuits de financement de l'économie servent à collecter les capitaux disponibles auprès des agents économiques qui ont une capacité de financement (apporteurs de fonds – prêteurs – créanciers nets) pour les mettre à disposition des agents qui ont besoin de financement (utilisateurs de fonds – emprunteurs nets tels que les entreprises non financières et les administrations).

Dans cette partie, nous présentons les trois grands canaux d'intermédiation financière qui représentent les différents circuits de financement de l'économie : 1) le canal du crédit bancaire ; 2) le canal des marchés financiers à travers des émissions de titres (actions et obligations) et le placement privé ; 3) le canal du *shadow banking* (dans sa définition restreinte). Nous analyserons ces circuits de financement en fonction de leur utilité auprès des trois grands acteurs économiques : les investisseurs, les emprunteurs (entreprises) et les banques.

Pour illustrer les canaux de financement et afin de bien comprendre leur rôle dans le financement de l'économie, nous présentons et commentons la figure 2.1. Ce schéma permet d'appréhender et d'expliquer, plus particulièrement, le rôle du *shadow banking* dans le financement de l'économie.

Figure 2.1 – Illustration des canaux de financement de l'économie, en fonction de l'horizon d'investissement de l'apporteur de fonds

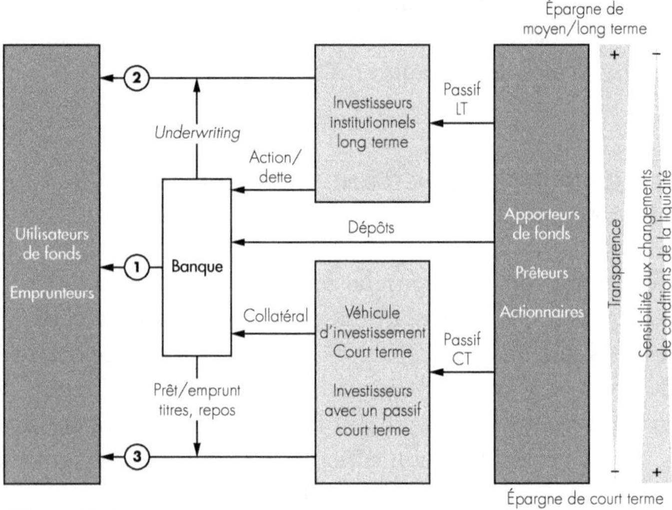

① Canal de financement bancaire direct : crédits/prêts.
Transformation de maturité et de liquidité. Effet de levier.
Asymétrie d'information.

② Canal de financement direct par les marchés de capitaux et placement privé.
Transformation de maturité et de liquidité limitée. Effet de levier faible ou nul.
Transparence.

③ Canal de financement non bancaire indirect/*shadow banking* : SPVs,
Fonds d'investissement avec engagement de passif CT.
Entités non bancaires collectant de l'argent CT pouvant se substituer aux dépôts.
Manque d'information consolidée/Opacité.

Source : François Baudu et Randolph Divisia.

Avant de présenter la logique qui sous-tend la construction de ce schéma et les trois circuits de financement, quelques remarques s'imposent sur les différences qui existent entre les États-Unis et l'Europe au regard de l'importance de ces circuits. Les États-Unis, où l'économie est financée à environ 25 % par les banques, prouvent bien que la substitution entre le canal traditionnel bancaire (canal 1) et les canaux des marchés de capitaux et du *shadow banking* (canaux 2 et 3) est déjà bien avancée. C'est à l'opposé de l'économie européenne, où le financement s'effectue à environ 75-80 % par les institutions bancaires, même si une mutation des modes de financement plus proches de ceux des États-Unis est amorcée. Il est important de souligner que la dépendance aux marchés de capitaux rend le financement de l'économie plus vulnérable aux aléas des marchés financiers. Lors de la crise des *subprimes* et au moment des fortes tensions sur les marchés de capitaux, le financement de l'économie américaine fut plus difficile et coûteux que le financement en Europe.

La notion de liquidité au cœur de la construction du schéma

Dans le choix de canal de financement qui s'offre à lui, le prêteur devra prendre en compte ses besoins et ses contraintes, ainsi que certains facteurs conjoncturels et/ou structurels. Pour tenter d'expliquer le choix d'allocation de capital dans un des circuits de financement et dans une logique de construction du schéma présenté, nous souhaitons apporter une nouvelle dimension complémentaire à la notion de liquidité pour un investisseur de long terme qui est lié à son horizon temporel. Ce dernier influencera l'investisseur dans sa décision d'investir *via* l'un des trois canaux de financement évoqués. Par horizon temporel, nous entendons les contraintes d'adéquation de maturité entre, à l'actif, les financements pouvant aller du court terme au long terme et, au passif, des liquidités de court terme, demandant une transformation de maturité ou de liquidité permanente (le cas du *shadow banking*). Cette dimension de la liquidité contribue à une explication de l'évolution du *shadow banking* et des risques systémiques inhérents – différente d'une explication à partir des évolutions réglementaires – qui sera notre point de référence pour mettre en évidence le rôle du *shadow banking* dans le financement de l'économie réelle.

Dans cette étude, nous proposons de nous placer du point de vue des investisseurs qui ont un horizon de moyen-long terme (fonds de pension, assureurs-vie, autres fonds long terme) et sont moins sensibles aux changements des conditions de liquidité (*cf.* Banque des règlements internationaux, 2014)[1]. Ces investisseurs ont, en effet, la capacité de renoncer à la liquidité de marché parce que leur passif ou les contraintes liées à leur passif leur per-mettent de se passer d'une certaine forme de liquidité. En revanche, un apporteur de fonds avec un engage-ment de passif contractuel de court terme (comme cer-tains véhicules d'investissement et fonds monétaires) sera contraint par une détention d'actifs liquides. À l'inverse, s'il a un engagement contractuel de long terme (ou un passif long), donc un horizon d'investissement long avec une probabilité faible de devoir liquider son passif à court terme, l'investisseur peut se passer d'une certaine liquidité de marché et se concentrer sur l'adéquation de son actif et de son passif. L'investisseur de long terme peut donc se concentrer sur une adéquation de maturité, de risque, de sa décision d'investissement et de sa gestion actifs/passifs et être moins contraint dans l'objectif d'assurer, à court terme, une liquidité en permanence, puisqu'il a moins de contraintes de liquidité sur son passif que l'investisseur de court terme. L'investisseur de long terme a moins de contraintes ou de pressions contractuelles et économiques

---

1. Cette dimension de la liquidité est complémentaire à la liquidité de marché et à la liquidité de financement (*cf.* Brunnermeier et Pedersen, 2009 ; Drehmann et Nikolaou, 2010 ; Tirole, 2011).

d'assurer une liquidité permanente de ses investissements à l'actif et donc plus de marge de manœuvre en ce qui concerne sa stratégie de gestion. Il a la possibilité (et non l'obligation) de renoncer à une liquidité court terme en choisissant des supports d'investissement adéquats à son horizon d'investissement et qui correspondent à son passif.

C'est donc cet apport complémentaire à la notion de liquidité que nous exposons ici pour décrire le comportement d'un investisseur de long terme dans son choix de canal de financement non bancaire – entre le canal 2 des marchés de capitaux et le canal 3 du *shadow banking*. Cet apport est bien illustré par la figure 2.2 (World Economic Report, 2011) :

Figure 2.2 – Classe d'actifs liquides *versus* horizon temporel

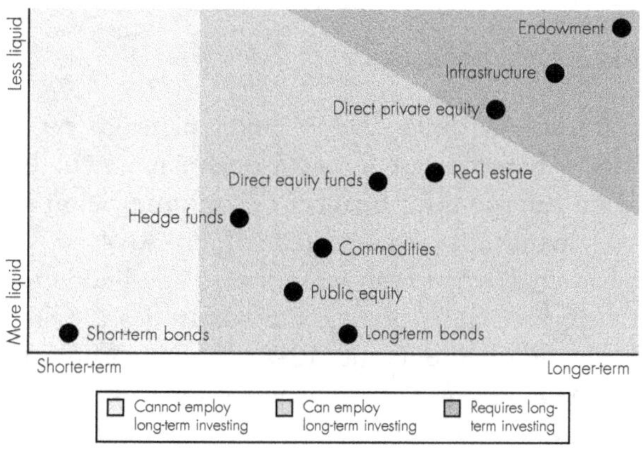

Source : World Economic Forum Report (2011), « The Future of Long-Term Investing », en collaboration avec Oliver Wyman.

En effet, cette approche de la notion de liquidité en rapport avec l'horizon temporel de l'investisseur permet une meilleure compréhension du fonctionnement des différents canaux de financement de l'économie. Cela permettra de faire le lien également avec le canal d'intermédiation bancaire. Ce second schéma montre bien les éléments qu'un investisseur doit prendre en compte selon ses contraintes. Il investira donc dans des institutions offrant des produits de court terme si son passif ne lui permet pas d'investir dans des produits de long terme. À l'inverse, il investira dans des produits de long terme si son passif le lui permet. Le passif correspond à l'engagement contracté avec l'apporteur de fonds qui a le choix d'investir dans des produits de très court terme (*over-night*) dans des fonds monétaires qui offrent des produits à rendement et horizon temporel connus (transparents) ; ou plutôt investir dans des fonds de couverture (*hedge funds* – plus opaques et risqués), ou encore dans des produits à plus long terme (assurance-vie, fonds de pension).

Le financement bancaire direct (canal 1)

Le financement direct par le crédit bancaire ou intermédiation bancaire est le canal de financement le plus utilisé en Europe pour financer l'économie. Selon le rapport de stabilité financière du FMI, en 2014, les crédits bancaires en Europe représentent 66 % de l'endettement des entreprises, alors qu'aux États-Unis, les crédits bancaires ne représentent que 12 %. Dans ce canal (1), le financement se fait par les banques sous forme de crédits bancaires, en transformant principalement des dépôts (produits liquides et de court terme) en crédits (produits de maturité plus longue). Il s'agit du financement « intermédié ». Le financement de l'économie est confronté à un déséquilibre entre la structure de l'offre et celle de la demande. Les ménages sont les principaux fournisseurs de dépôts des banques, ressources stables, liquides et de court terme (dépôts à vue, dépôts à terme inférieurs à un an). En revanche, les entreprises non financières ont des besoins d'investissement à long terme et risqués. Par ailleurs, les ménages (prêts immobiliers) et les administrations publiques s'endettent aussi à long terme. Le canal 1 est donc principalement un canal qui permet de transformer le crédit en termes de maturité et de risque de crédit (incapacité de remboursement de l'emprunteur). Ce canal de financement est principalement un canal d'intermédiation de bilan.

Ce mode de financement est la méthode la plus traditionnelle pour financer l'économie de façon directe. Il est appelé *originate-to-hold* (OtH) car le crédit est « originé », structuré et retenu dans le bilan de la banque. Il s'oppose au modèle *originate-to-distribute* (OtD) où le crédit n'est pas conservé dans le bilan de l'intermédiaire financier, mais est titrisé et vendu sur les marchés financiers ou auprès d'autres acteurs. À cause des risques portés par le bilan des intermédiaires financiers sont imposées aux banques des règles strictes et spécifiques en matière de solvabilité et de liquidité. Suite à la crise et sous la pression des régulateurs et des investisseurs, les banques sont poussées à accroître leur ratio de capital, à réduire la taille de leur bilan et le déséquilibre entre leur passif et leur actif. La place et le rôle de l'intermédiation bancaire sont voués à se modifier profondément.

Le financement direct par les marchés de capitaux et par le placement privé (canal 2)

Il s'agit du canal d'intermédiation directe *via* les marchés de capitaux : au sein de cette activité, un apporteur de fonds souscrit des titres de sociétés émettrices, obligations ou actions (négociés sur les marchés de capitaux ou par placement privé), en connaissant, en toute transparence, la nature du risque qu'il assume. Il s'agit d'une intermédiation directe non bancaire, intermédiation de marché. Par opposition à l'intermédiation bancaire, le risque est supporté directement par l'épargnant. Les marchés financiers assurant une cotation d'une action ou d'une obligation apportent liquidité et transparence. Il convient de souligner que les banques interviennent néanmoins sur les marchés financiers par des opérations de haut de bilan, le montage d'émission de dettes ou d'obligations convertibles ou encore pour des activités de *market making*.

Dans ce canal, nous retenons toutefois les épargnants qui ont moins de contraintes de liquidité, donc plutôt des investisseurs de moyen/long terme type assurance-vie, fonds de pension et autres investisseurs qui, de par leur engagement contractuel et leur profil de passif, sont moins sensibles aux changements des conditions de liquidité. Ces dernières nous conduisent à inclure dans ce canal les activités de placement privé[1].

Le financement indirect par le canal de financement du *shadow banking* (canal 3)

Ce troisième canal, moins conventionnel, dans notre schéma de financement de l'économie est le *shadow banking* dans sa définition restreinte, telle que proposée par le CSF. Il s'agit d'un financement indirect de fonds d'investissement et d'autres institutions financières non

---

1. Un placement privé est une opération de financement à moyen/long terme entre une entreprise cotée ou non et un nombre limité d'investisseurs institutionnels qui repose sur une documentation *ad hoc* entre l'émetteur (emprunteur) et les investisseurs. En général, une banque peut servir d'arrangeur dans la mise en relation entre les deux parties et dans l'élaboration de la documentation.

bancaires offrant une intermédiation de crédit aux utilisateurs de fonds (fonds monétaires, autres fonds avec un passif court terme, certains *hedge funds*). Le *shadow banking*, dans sa forme restreinte, possède certaines caractéristiques de l'intermédiation du crédit des banques. L'ensemble des institutions financières, de véhicules de titrisation et de fonds d'investissement appartenant au *shadow banking* collectent en effet de l'épargne, le plus souvent liquide, pour la transformer en placements de long terme (en utilisant différentes techniques comme la titrisation), sans être soumis à la réglementation qui s'applique au secteur bancaire ou alors en apportant de la liquidité au système financier comme les opérations de pension et de prêt/emprunt de titres.

Le *shadow banking* suscite l'interrogation des régulateurs car ces entités appartenant au canal (3) de financement exercent une activité de transformation du risque de crédit, une transformation de maturité et un recours important à l'effet de levier qui sont potentiellement source de risques systémiques. En effet, ces activités, bien que semblables aux activités bancaires et fortement interconnectées aux banques, peuvent devenir une source de risques car elles ont la potentialité de créer des formes multiples de rétroaction dans le système bancaire traditionnel, pouvant impacter, par la suite, les systèmes financiers et l'économie réelle *via* ce phénomène de contagion. De nombreux économistes attribuent, au moins en partie, l'origine de la crise dans le dysfonctionnement de ce canal, notamment *via* les activités de titrisation des risques *subprimes* et les opérations de pension et de prêt/emprunt de titres (*repos*) (Sufi et Miam, 2009 ; Gorton et Metrick, 2010 ; Nouy, 2013).

Le *shadow banking* remplit ainsi des fonctions importantes dans le système financier. Il crée, entre autres, des sources supplémentaires de financement et offre aux investisseurs des solutions de remplacement au dépôt bancaire. Cependant, il peut être, en particulier, source de risque systémique.

LES LIMITES DU *SHADOW BANKING* ET LE FINANCEMENT DE L'ÉCONOMIE

Le système bancaire parallèle (canaux 2 et 3) constitue donc un élément complémentaire dans le système financier en remplissant les fonctions suivantes :

- offrir une alternative aux dépôts bancaires pour les investisseurs ;

- affecter avec plus d'efficacité les ressources à des besoins spécifiques du fait d'une plus grande spécialisation ;

- offrir à l'économie réelle un mode de financement alternatif pouvant s'avérer particulièrement utile en période de mauvais fonctionnement du système bancaire traditionnel ;

- constituer une possibilité de diversification des risques par rapport au système bancaire.

Afin de bien définir les avantages et les inconvénients de chacun des canaux, il convient de dissocier les trois éléments suivants :

- l'horizon de temps de l'investissement (court terme *versus* long terme) ;

- la liquidité de la classe d'actifs (actifs liquides *versus* actifs illiquides) ;

- le risque (transparence *versus* opacité).

Figure 2.3 – Canaux de financement – niveau de transparence

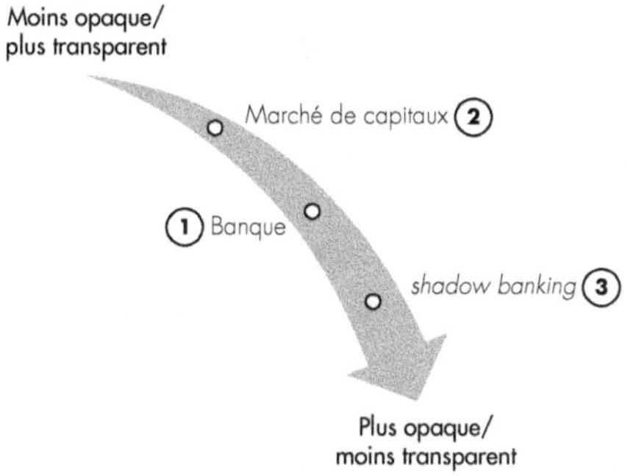

Source : François Baudu/Randolph Divisia.

Les intermédiaires financiers non bancaires moins régulés tirent leur épingle du jeu de cette mutation de mode de financement. Non soumis à la réglementation bancaire, ils ne sont donc pas contraints aux ratios de capital, de levier, de liquidité et de maturité qui impactent fortement les banques dans leur rôle de financement de l'économie. Ils ont ainsi la possibilité de se positionner en tant qu'alternative au crédit bancaire et aux marchés de capitaux. L'équilibre des deux canaux plus traditionnels de financement est aujourd'hui perturbé par ces institutions financières non bancaires (le *shadow banking*) dans le financement de l'économie.

Les canaux traditionnels de financement (canaux 1 et 2) sont des canaux de financement complémentaires, tandis que le canal du *shadow banking* reste un canal difficile à cerner, même si ce nouvel acteur en plein essor reste néanmoins important pour répondre à cette demande de financement non satisfaite par les banques ni par les marchés financiers. Dans un contexte de liquidité favorable, les entités non bancaires (gestionnaires d'actifs…) se sont, de fait, substituées aux banques dans leur mission de transformation, leur permettant ainsi d'avoir une adéquation entre les actifs/passifs de leur bilan. Ce faisant, elles ont hérité les caractéristiques et les défis du système bancaire, s'engageant à une liquidité quotidienne pour des actifs à long terme, et ont contracté du risque de crédit. Il existe une dissymétrie entre, au passif, une forte (voire totale) liquidité et, à l'actif, des instruments ou classes qui peuvent s'avérer peu ou non liquides, *a fortiori* quand ces instruments ne sont pas cotés sur des marchés organisés. Ces risques sont liés à l'incertitude et à l'opacité des produits financiers proposés aux investisseurs, mais aussi au fait que les dépôts effectués par les apporteurs de fonds ne sont pas garantis par l'État, à l'inverse des dépôts bancaires.

La transparence et la possibilité de capter l'épargne longue sont des critères qui facilitent l'investissement dans des actifs risqués du type actions et infrastructures. La transparence permet à l'investisseur d'appréhender et d'analyser les risques et ainsi le conforte dans un investissement de plus long terme.

Des efforts sont entrepris pour réduire l'opacité du canal 3. Les régulateurs ont ainsi été invités à collaborer avec les institutions financières pour mettre en place une nouvelle forme de titrisation qui traiterait des problèmes d'opacité et de complexité de ces véhicules d'investissement (aussi bien que de leur faible notation) qui étaient l'une des causes ayant mené à la crise des *subprimes*. Les risques liés à « l'ancienne forme » de titrisation devraient être ainsi surmontés par le développement d'un nouveau marché de la titrisation composé de nouveaux actifs de meilleure qualité, aux caractéristiques simples et transparentes, avec une structuration (*tranching*) limitée, comprenant une fiche énonçant les différentes sources de risques, constitués de crédits agréés par les normes bancaires. Un vaste éventail de réglementations et d'initiatives du secteur financier a été mis en place depuis la crise pour assurer un meilleur alignement des risques entre originateurs et investisseurs.

En 2012, l'association professionnelle Prime Collateralised Securities Europe a lancé le standard du même nom pour promouvoir une titrisation simple et transparente auprès des investisseurs potentiels. Seules les classes d'actifs ayant montré de bonnes performances (en termes de défaut) et destinées au financement de l'économie sont éligibles. Selon cette association, sur un encours d'ABS européens d'environ 1 700 €, environ 950 seraient théoriquement éligibles à la labellisation (soit 57 % de l'encours existant). De son côté, le CREC Europe (Commercial Real Estate Finance Council) a créé son propre label sur les CMBS (titrisations de crédits d'immobilier commercial) en novembre 2012. Développer la titrisation « labellisée » revient, en quelque sorte, à faire passer la titrisation du canal 3 (*shadow banking*) vers le canal 2 (canal direct de placement transparent).

Le Conseil de l'Union européenne a approuvé en novembre 2014 des règles de transparence sur les opérations de financement sur titres (prêts et pensions). La proposition de règlement prévoit des modalités de déclaration des opérations de financement sur titres aux référentiels centraux et aux investisseurs dans des organismes de placement collectif. Le projet de règlement introduit des mesures visant à améliorer la transparence notamment par : 1) le suivi de l'accumulation des risques systémiques liés aux opérations de financement sur titres ; 2) la communication d'informations aux investisseurs dont les actifs sont utilisés dans ces transactions sur titres.

Le *shadow banking* ne répond pas à tous les besoins des agents économiques car il concerne principalement les opérations court terme et les supports de crédit (produits de dette). Le *shadow banking* tel que nous l'avons défini ne permet pas de financer les investissements immatériels ou l'innovation. Compte tenu de l'incertitude sur les *cash-flows* et la difficulté de prévoir la profitabilité future des investissements en R&D, les financements en actions sont privilégiés. En fonction de la position dans le cycle de vie de l'entreprise, différents canaux utilisés (*venture capital* ou marchés des actions cotées). W. Kerr et R. Nanda (2014) ont répertorié les différentes études académiques qui étudient l'efficacité des différents canaux de financement de l'innovation.

Conclusion

Même si le *shadow banking* propose aujourd'hui une alternative aux financements traditionnels de l'économie, il est important de réfléchir au rôle des autres canaux (marchés financiers et *shadow banking*) et surtout à celui de la banque dans ce système de financement de l'économie. Au-delà de la fonction traditionnelle de fournir des financements (principalement de dette) aux emprunteurs privés (entreprises, ménages) et du secteur public, la banque doit également accompagner, dans le choix des différents canaux, ses clients émetteurs (emprunteurs) et ses clients investisseurs (prêteurs/déposants). Le canal 2 des marchés financiers permet d'apporter des investissements en support actions long terme ainsi que de la dette *corporate* et peut apporter un financement aux infrastructures. La banque, dans ce cadre, oriente ses clients, fournit de la dette, propose des services de gestion des risques, assure la relation entre investisseurs et prêteurs et améliore l'exécution de l'opération au travers de prise de risque ferme pendant la période de placement (*underwriting*). Afin d'assurer ces fonctions, le canal 3 (*shadow banking* dans sa définition restreinte) a bien évidemment un rôle à jouer car il permet d'apporter des liquidités aux activités de la banque, notamment dans ses opérations de refinancement et de recherche de liquidité. Le *shadow banking* est une source de financement de l'économie que la banque peut également utiliser comme ressource pour assurer ses autres activités de gestion de risques, couverture sur les marchés, financement des activités de *market-making*.

Dans la transformation du système financier, un nouveau rôle de la banque sera d'accompagner le client dans la compréhension des canaux de financement, de l'orienter vers le bon canal, en fonction des besoins du client, en fournissant des services de financement, de gestion des risques, d'*underwriting* et de conseil. Les banques devront évoluer vers une culture de partenariat avec leurs clients, aussi bien avec les emprunteurs, émetteurs à recherche de dette ou de fonds propres qu'avec les investisseurs qui finalement alimentent en ressources (capital et dette) les différents canaux de financement.

Même si les canaux de financement se diversifient, le crédit bancaire restera durablement majoritaire dans le financement sous forme de dette des entreprises, notamment pour les PME-PMI, car l'octroi de crédit restera le premier canal de financement qui permettra d'établir une relation de confiance, durable dans le temps entre entreprises et banquiers.

Chapitre 3

La banque de l'ombre vue des États-Unis d'Amérique

Jean-Claude Gruffat

Si la banque n'est pas l'activité humaine la plus ancienne, c'est sans doute la plus réglementée, et toute crise financière conduit à l'adoption d'une couche de règles nouvelles supposées prévenir la récurrence d'événements fâcheux. Pourtant il n'en sera rien, en dépit du volume des nouveaux textes adoptés. Il suffit de comparer à cet égard la concision de Glass-Steagall, et les milliers de pages de Dodd-Frank. En bref, toujours plus pour aussi peu de résultats ; il est vrai que l'on légifère le plus souvent en référence au passé, et non pas en essayant d'anticiper l'avenir.

Avant de définir plus précisément ce que l'on entend par *shadow banking* aux États-Unis, peut-être faut-il définir ce qu'est une activité bancaire ? Pour ma part, je retiendrai un concept d'intermédiation et un rôle de transformation. Plus une dimension « compte propre », qualifiée de spéculative, que l'on cherche à cantonner notamment par rapport aux dépôts collectés. Les banques sont avant tout des intermédiaires financiers, amenés de ce fait à prendre des risques de crédit – non-remboursement –, de marchés – dépréciation d'un actif, mais aussi absence de liquidité pour dénouer une position perdante – et de plus en plus de risques opérationnels, y compris réglementaires.

Les principaux établissements bancaires contemporains opèrent dans de multiples juridictions, et en dépit des efforts du Forum de stabilité financière et des réunions du G20 réactives pour sortir de la dernière crise de 2007, les règles auxquelles ils sont soumis divergent, ce qui augmente le risque réglementaire – le plus préoccupant pour les conseils d'administration et les directions générales eu égard à l'importance des sanctions financières imposées notamment aux États-Unis – voir non seulement le cas de BNP Paribas, largement commenté de manière trop superficielle en France, mais aussi les pénalités et restitutions imposées à HSBC, Standard Chartered, Bank of America, Citi et JP Morgan (liste non exhaustive à ce jour, sans préjudice des dossiers à l'instruction).

Un rapport de la firme KPMG, publié en 2014, reprenant des indications chiffrées publiées par le Forum de stabilité financière, a tenté de quantifier l'ampleur du phénomène d'intermédiation financière par des non-banques, pour avancer un chiffre global de 72 Tr€, dont 26 Tr€ aux États-Unis, 22 Tr€ en Europe, 9 Tr€ au Royaume-Uni et 4 Tr€ au Japon. Selon *The Economist*, qui consacrait dans sa livraison du 10 mai 2014 un rapport spécial *Shadow and Substance*, le terme *shadow banking* aurait été utilisé au départ par un gérant de la firme PIMCO, en référence aux activités dites « déconsolidées » de grandes banques qui avaient la structure des véhicules de sécurisation d'actifs à haut risque, type CLO à partir des années 1990. L'expérience a prouvé le caractère illusoire de nombre de ces montages, que les banques, face aux défauts observés, ont dû reprendre dans leurs portefeuilles et sur leurs bilans au prix de pertes souvent colossales.

Pour notre propos, nous retiendrons comme définition celle du Forum de stabilité financière, à savoir l'activité d'intermédiation de crédit s'exerçant hors du système bancaire régulé en tant que tel. Un concept encore plus large est parfois utilisé par les critiques du *shadow banking*, souvent les banques, qui de fait qualifient ainsi toute activité concurrente exercée sans les contraintes de l'encadrement réglementaire mentionné préalablement. Là encore, les divergences existent entre les points de vue sur ce sujet de chaque côté de l'Atlantique, l'Europe s'attachant plus aux institutions et les Américains aux activités (voir le cas des dérives que dans un premier temps on voulait réguler quels que soient leurs utilisateurs, et pas simplement au travers des banques).

Deux préoccupations majeures émergent au travers des tentatives, encore limitées dans les textes, de réglementation du *shadow banking* : l'impératif de concurrence, le *level planning field*, et surtout la crainte que la faillite d'une de ces non-banques ferait courir au système financier, d'où la nécessité de renflouer la firme défaillante, éventuellement par la collectivité. C'est sous ces deux angles que nous relèverons les points essentiels du débat d'initiés et les tentatives de soumettre ces opérateurs, que nous définirons plus précisément, à une nouvelle réglementation à élaborer.

SHADOW BANKING ET CONCURRENCE

Si le *shadow banking* s'est développé au cours de ces dernières années, c'est parce qu'il correspondait à un besoin : la réticence du système bancaire classique affecté par la crise récente dite des *subprimes* à financer l'économie, et particulièrement le secteur des entreprises dites « petites et moyennes ». Certes, ce phénomène n'est pas spécifique au marché nord-américain, mais il est amplifié ici par la part très importante prise par les marchés de capitaux dans le financement de l'économie, au bénéfice des émetteurs qui y ont accès, ce qui n'est pas le cas des PME. Le paradoxe des crises financières est qu'elles ont pour effet, compte tenu des pressions des autorités de place, de contraindre les banques à augmenter leurs fonds propres et à réduire leurs engagements à contre-cycle.

Ceci implique de céder des actifs au moment où la liquidité est réduite pour ceux de qualité et inexistante pour les douteux ou les compromis. Le retrait partiel des banques du marché du crédit a été en partie compensé par l'arrivée dans ce secteur des firmes de LBO, autres *non-banks* financières, intervenant déjà en fonds propres et en dettes subordonnées, qui ont acquis, notamment en Europe, plusieurs dizaines de milliards de dollars de dette bancaire avec des *hair cut* appréciables. Mentionnons les principaux intervenants, tous américains : Apollo, KKR, Blackstone…, *shadow banking*, sans doute, mais pas nécessairement risque systémique selon Adair Turner, qui fut président du Financial Services Authority au Royaume-Uni, dans la mesure où les actifs long terme ne sont pas financés avec transformation par des ressources court terme.

Mais qui supervise ce type de gestion ALM dans le secteur du *private equity/LBO* ? En l'état actuel, personne…

L'article de *The Economist* cité précédemment rapporte l'exemple d'une brasserie familiale britannique confrontée à l'impossibilité pour Royal Bank of Scotland, du fait des difficultés majeures qui ont conduit à sa nationalisation, de continuer à soutenir un client ancien et sans problème. La solution a été, en l'espèce, un crédit à 10 ans octroyé par Prudential, une compagnie d'assurances. Cet arrangement peut au premier abord apparaître comme faisant l'affaire de toutes les parties en cause. RBS peut continuer à bénéficier du courant d'affaires de son client sans mettre son bilan en jeu. Prudential acquiert un actif de qualité, bien rémunéré, et se contente du financement, ce qui correspond à son modèle, car il ne dispose pas par hypothèse des services opérationnels que ses concurrents titulaires d'une licence bancaire cherchent à placer auprès de leurs clients pour compenser la faible rentabilité des activités de crédit, qualifiées de *loss leader* dans le jargon de la profession. Et le client, quant à lui, allonge la durée moyenne de ses financements car sa banque refusait d'aller au-delà de trois ans. Les commentateurs soulignent aussi que ce type d'arrangement est également positif d'un point de vue plus général de sécurité du système financier.

Les banques transforment leurs dépôts ou emprunts pour prêter à leurs clients, et l'absence de ressources longues et stables les contraint à limiter la durée de leur concours à l'économie pour des raisons de gestion actif/passif, mais aussi du fait des nouveaux ratios de liquidité de Bâle III.

Des compagnies d'assurances, telles que Prudential, se contentent d'investir, pour le compte de leur clientèle institutionnelle, les fonds recherchant des emplois à long terme ; ce sont les investisseurs qui prennent le risque de non-paiement à l'échéance, l'assureur procurant des services pour une commission. Un schéma somme toute assez semblable à celui du marché des placements privés. Mais à une échelle bien plus importante, d'où les craintes exprimées par les banques, qui veulent bien se délester de certains types d'engagements, mais feront le maximum pour continuer à piloter la relation, car c'est la clé de la rentabilité de leur modèle de financement des entreprises.

Dans son rapport du 14 novembre 2013, le troisième de ce type, le Forum de stabilité financière retient pour 2012 un total d'actifs de 71 Tr€, 24 % des actifs financiers totaux, la moitié de ceux détenus par le système bancaire. Mais comme la méthodologie FSB exclut de manière arbitraire compagnies d'assurances et fonds de pension, en les réintégrant, on arrive à une quasi-parité avec le système bancaire. Des véhicules tels les *hedge funds* et les Real Estate Investment Trusts sont mentionnés par le rapport. L'étude FSB propose une cartographie des sous-secteurs de la banque de l'ombre.

Par importance décroissante, elle retient tous les fonds d'investissement autres que *money market funds* et *hedge funds*, puis les *brokers-dealers*, les véhicules de montages structurés, les sociétés financières, les fonds communs de placement et, enfin, les *hedge funds*.

L'étude réduit ensuite l'univers que le FSB/FSF entend surveiller de manière régulière en écartant les titrisations non déconsolidantes, les structures ne pratiquant pas l'intermédiation de crédit et les actifs financiers consolidés de manière prudentielle au niveau d'un bilan d'institution régulée… Bref, tout ce qui est déjà répertorié au niveau des groupes bancaires.

Un aspect particulièrement observé, de manière statique et évolutive, est l'interconnexion avec le système bancaire, du point de vue tant du risque de crédit que de la dépendance éventuelle de financement. Pour chaque partie à la transaction, implicite ou explicite. Encore une fois, la crise récente a démontré de manière indiscutable que des montages comptablement déconsolidants ne résistaient pas à l'épreuve du feu et devaient être réintégrés pour des considérations de financement − plus d'accès au marché des papiers commerciaux, par abaissement de la note ou désaffection des investisseurs – ou de réputation. Même dans les cas où la banque originatrice n'est pas l'émetteur ou l'arrangeur de la *stand-by* couvrant l'émission de CP par les véhicules structurés. En résumé, c'est bien le risque dit « systémique » qui est l'objet de la vigilance du FSB.

Et ceci nous conduit à la proposition suivante : la reconnaissance du *shadow banking* et l'attention qu'il provoque chez les régulateurs font *a contrario* apparaître, si besoin était, les faiblesses structurelles de nos systèmes balkanisés de supervision prudentielle des banques.

Observation préliminaire, la définition d'une activité bancaire n'est pas unanimement acceptée et les réglementations nationales divergent sur ce point. Exemple concret, il y a une dizaine d'années, Citi a cédé, dans huit pays européens, sa franchise Diners Club a un groupe italien spécialisé dans le secteur de la mode. Aucune difficulté dans sept pays d'Europe occidentale, mais objection de la Commission bancaire française. Le groupe acquéreur doit obtenir une licence bancaire dans son pays d'origine et pourra ensuite procéder à l'achat de la franchise française, ou alors le vendeur, Citi, conserve au minimum 20 % de l'entité cédée et reste engagé pour la totalité en vertu de la réglementation française sur l'actionnaire de référence. Dans ce cas d'espèce, l'activité cartes de paiement/cartes de crédit est qualifiée de « bancaire » en France, mais il en va différemment de l'autre côté des Alpes ou du Rhin. On pourrait trouver des exemples analogues dans la sphère des systèmes de paiement. La licence bancaire est le préalable à l'exercice de certains métiers financiers, c'est tout à la fois une barrière à l'entrée, mais aussi une contrainte. Voir les affaires de non-respect des règles sur le blanchiment, dont le champ d'application, à l'origine limité aux banques, est devenu quasiment universel, s'appliquant à tout professionnel susceptible d'intervenir dans des transactions, notaire, avocat, comptable, gérant de fortune…

La manifestation la plus générale d'interventions des non-banques dans la franchise traditionnelle des banques est l'activité de prêts. Au départ cantonnées dans les instruments de fonds propres, les firmes de *private equity* sont maintenant systématiquement engagées dans les crédits, notamment les crédits longs, accordés aux emprunteurs, et pas uniquement dans les montages d'acquisition avec de forts effets de levier.

Il en va de même pour les banques d'investissement opérant sous le statut de *broker-dealer*. Là c'est la pression des clients et la concurrence des banques universelles sur le conseil stratégique/fusion-acquisition par recours systématique au bilan qui ont forcé la main des Goldman Sachs et autres Morgan Stanley à utiliser leurs fonds propres – et leur statut de *bank holding* depuis la faillite de Lehman en septembre 2008 – pour participer à tous les financements, y compris court terme de leurs clients principaux.

Seules les « boutiques » qui n'ont que du « capital intellectuel » peuvent échapper à ces demandes en arguant de leur quasi-absence de fonds propres. En arguant aussi de leur indépendance et de l'absence de conflits d'intérêts pour obtenir des mandats de fusion-acquisition, au grand dam des firmes universelles et des *investment banks* classiques. Dans le même ordre d'idées, *The Economist* cite le cas de l'activité dite *shipping* dont les banques se sont progressivement retirées, pour être remplacées par Blackstone et Carlyle. À la satisfaction des emprunteurs.

En effet, en ayant recours à un véhicule non bancaire de financement dédié, le client entreprise échappera aux demandes insistantes et parfois persuasives de ses banques traditionnelles qui demandent du mouvement, du change, des dérives, du *trade*, des émissions obligataires, du *cash pooling*, des émissions d'actions, ou des programmes de cartes, dites « T & E », et/ou *procurement*, pour compenser la faible rentabilité de l'activité crédit eu égard aux charges de capital économique et réglementaire.

Une nouvelle preuve du rôle néfaste pour le financement de l'économie des réglementations bancaires, qui créent l'opportunité pour le *shadow banking*. L'activité dite *sales and trading* « des instruments de dette, ou actions, et/ou hybrides – émissions convertibles » est un autre secteur où le monopole traditionnel des banques d'affaires a disparu. Tout d'abord par l'abolition de fait du Glass-Steagall, mais plus tard pour des raisons déontologiques (voir les affaires AT & T World Com au début de la dernière décennie) et aussi par la faible rentabilité de ces activités eu égard aux coûts technologiques et aux préciputs consentis aux opérateurs au détriment des actionnaires qui portent le risque. Des maisons de premier rang telles que Crédit Suisse sont sorties officiellement du *fixed income* et d'autres, tout en affichant une pérennité de bon aloi, ont de fait sous-dimensionné leur engagement. Et le *buy side* s'organise pour traiter avec ses pairs, en limitant le recours aux tables des firmes de Wall Street.

Sans insister longuement, on mentionnera également les règles trop divergentes adoptées sur les dérives, dans la foulée de Dodd-Frank, en Europe dans le cadre d'EMIR, qui, par le recours aux *exchanges* et *clearing houses*, affectent ainsi de manière significative la rentabilité de ces métiers pour les grandes firmes de Wall Street. Au même moment, on observe un mouvement de recherche systématique par les banques d'une rentabilité plus élevée pour faire face aux coûts des risques traditionnels, mais aussi aux coûts des risques nouveaux tel le risque réglementaire mentionné précédemment, combiné aux contraintes réglementaires type Dodd-Frank sur le compte propre, reprises ailleurs de manière non parfaitement coordonnée comme en Europe.

La crise de 2007-2008 a bien contribué à accélérer un mouvement de remise en cause du modèle bancaire traditionnel. Encouragées, voire incitées par Bâle II, les grandes institutions bancaires avaient accru leur rentabilité par une augmentation des effets de levier et un recours systématique au schéma *originate transfer distribute*. Désormais, les banques, affaiblies par la détérioration de leur réputation, subissent les coups de boutoir des régulateurs, de leurs clients, qui souvent ont une meilleure note de crédit, et maintenant d'un secteur de l'ombre multiforme, agressif, attirant souvent les esprits les meilleurs et les plus créatifs, qui ainsi échappent largement aux dictatures bureaucratiques des déontologues et juristes, les professions désormais les plus valorisées dans le secteur bancaire. Un des opérateurs/observateurs les plus informés et les plus réalistes sur la concurrence banques/non-banques est Jamie Dimon, ex-Citi et désormais *chairman* et CEO de JP Morgan Chase, une des institutions qui avaient le mieux navigué lors de la crise des *subprimes*, pour être ensuite rattrapée par le scandale dit « London Whale », puis frappée par l'amende la plus élevée prélevée par les autorités américaines sur une firme financière.

Dans une communication aux actionnaires, il portait un jugement réaliste et balancé sur une concurrence nouvelle et diversifiée qui devrait bénéficier aux clients utilisateurs de services financiers et aider les meilleures banques, les mieux gérées, à tout à la fois raffiner et facturer de manière réaliste l'offre de produits, quitte à renoncer à certains secteurs d'activité. Décidément, le modèle Citi de 1998, résultat de la fusion Travelers Citibank, est dépassé.

Dans une série d'articles publiés en juin 2014 par le *Financial Times*, on citait Standard & Poor's qui estimait qu'entre 2014 et 2018, les besoins de financement du secteur entreprises non financières seraient de l'ordre de 60 Tr$, dont seulement 52 % pourraient être versés par le secteur bancaire. Et de conclure : *We should find ways to love the shadow banks.* On ne pourra se passer du *shadow banking* pour financer l'économie réelle, non financière à l'avenir, ce point ne semble plus faire discussion.

SHADOW BANKING ET STABILITÉ DU SYSTÈME FINANCIER

Il convient maintenant de s'interroger sur l'impact du *shadow banking* sur le risque systémique et, plus généralement, sur ce que les Anglo–Saxons qualifient de *safety and soundness of the financial markets*, y compris le problème non complètement réglé par Dodd-Frank du *too big to fail*. Conséquence difficilement évitable d'erreurs de gestion et de rapacité, où les profits vont aux opérateurs et ce, de manière très différenciée, alors que les pertes sont pour les actionnaires et la collectivité nationale. Le premier avantage évident du *shadow banking* est la diversification, la moindre concentration du risque sur un nombre limité d'institutions, qui pour les premières banques sont encore plus concentrées qu'avant la dernière crise.

Et c'est bien la faute des régulateurs/autorités de place qui ont poussé par exemple Bank of America à racheter Countrywide, et Merrill Lynch, ou JP Morgan, Bear Stearns. L'alternative étant la faillite de Lehman Brothers que l'on reproche à mon sens à tort au secrétaire au Trésor Hank Paulson, dans la mesure où tous les acheteurs potentiels s'étaient retirés. Ne subsistait plus comme solution qu'une nationalisation. Dans son récent ouvrage de décembre 2013, Jean-Francois Lepetit, auteur d'un rapport de qualité sur le risque systémique, évoque (p. 177) la faute des régulateurs, à savoir la prime au *shadow banking*. Il entend par là que l'augmentation uniforme des contraintes de fonds propres et de liquidité sur l'activité normale des banques universelles place ces établissements dans une situation concurrentielle défavorable par rapport à l'intermédiation de marchés. Le *deleveraging* a été systématiquement utilisé plutôt que la levée de capitaux permanents, on peut s'interroger sur ce qu'aurait été l'attitude des investisseurs si l'alternative avait été privilégiée. C'est la question essentielle de la profondeur du marché dans des situations de crise.

Et d'expliciter son propos en listant ses doutes sur la capacité *des* marchés, à savoir les acteurs multiformes du *shadow banking*, à analyser et à appréhender les risques de manière plus professionnelle que les personnels bancaires.

Une des réformes peu connues en Europe mises en œuvre par Dodd-Frank a été la création d'un Financial Stability Oversight Council (FSOC), présidé par le secrétaire au Trésor, et investi d'une mission de réduction des risques du système financier. Y siègent les dirigeants des neuf (!) agences fédérales de supervision financière, plus une personnalité indépendante nommée par le président des États-Unis et le secrétaire au Trésor. Plus précisément, la mission impartie au FSOC est d'identifier les activités et les firmes, indépendamment de leur nature ou de leur statut, et de l'autorité de tutelle en charge de leur supervision, susceptibles de déstabiliser le système financier global, de telle sorte que les interventions requises soient mises en œuvre avant qu'il ne soit trop tard. Deux exemples historiques viennent à l'esprit, qui expliquent cette innovation au niveau de Dodd-Frank : l'affaire LTCM, en septembre 1998, un *hedge fund*, et AIG dix ans plus tard, une compagnie d'assurances qui, à partir de Londres, avait émis 450 Md$ de *credit default swaps* sur des CDO, produits structurés de crédit.

Créé comme *hedge fund* en 1994, avec pour objectif avoué d'échapper à la réglementation des *mutual funds*, par des traders de Salomon Brothers, des prix Nobel d'économie et un ancien *vice-chairman* de la Fed, Long Term Capital Management (LTCM) collecte plus de 1 Md$ auprès de particuliers fortunés et des institutions.

Les stratégies développées font usage de modèles mathématiques sophistiqués et, de plus en plus, elles ont recours à des effets de levier agressifs. On étend également la gamme de produits traités en prenant des positions de *risk arbitrage*, sur des opérations annoncées mais non conclues de fusion-acquisition. Confronté à des problèmes de liquidité exacerbés par les crises russe et asiatique, LTCM cherche à faire racheter ses positions par les principales firmes de Wall Street qui sont ses contreparties. Aucun accord amiable n'apparaissant possible, la Fed intervient alors et organise une liquidation avec mise à contribution de seize institutions, américaines et étrangères, banques universelles et *brokers-dealers*, pour un total de 3,6 Md$. Leçon de cette affaire, un *hedge fund* risque de déclencher une crise systémique, la banque centrale s'invite à la table des négociations et taxe le système bancaire traditionnel... Les risques du *shadow banking* repris par le système bancaire institutionnel, une forme de *too big to fail*.

Seconde situation : AIG. Cette compagnie, créée au départ en Chine et développée par Hank Greenberg, excelle dans son rôle d'assureur des marchés émergents, sort de son cœur de métier, devient un loueur d'avions, puis assureur de crédit, en commercialisant sa note de solvabilité AAA. Cette activité de rehaussement de crédit conduira AIG à émettre pour 450 Md$ de CDS, par l'intermédiaire d'une filiale dédiée incorporée au Royaume-Uni transformant essentiellement du *junk* en produits d'investissement respectables. La crise des *subprimes* détériore les sous-jacents et AIG, incapable de faire face aux demandes des bénéficiaires, des établissements tels que Goldman Sachs, mais aussi Sog Gen – plus d'étrangers que d'américains –, est nationalisé et le Trésor américain, objet de fortes pressions de gouvernements européens, indemnise tous les acheteurs de CDS, leur évitant ainsi des pertes colossales, voire la faillite.

Moralité, des banques traditionnelles sont devenues alchimistes et ont tenté de transformer de la ferraille en or, en achetant des protections auprès d'une non-banque, mais n'ont dû leur salut qu'au contribuable américain. Ce qui provoqua des débats houleux au Sénat, le président de la Fed refusant tout d'abord de communiquer les noms des firmes indemnisées après l'annonce du *bail-out*. Cette malheureuse affaire fait ressortir de manière évidente les faiblesses inhérentes à un système prudentiel et de supervision balkanisé.

Aux États-Unis, jusqu'en 2010, année du passage de Dodd Frank et ce, depuis le développement du système réglementaire dans l'après-crise de 1929, les institutions financières sont régulées non pas en fonction de leurs activités, mais en considération de leur statut affiché : banque commerciale, caisse d'épargne, banque d'affaires, compagnie d'assurances… Ceci me paraît être la vulnérabilité principale du système de supervision prudentielle.

L'arbre cache la forêt… : excessive spécialisation des régulateurs, balkanisation, distinction historique sans véritable justification entre les activités supervisées au niveau des États – assurance – ou fédéral – grandes banques complexes.

Des secteurs entiers échappent à toute supervision, c'était le cas des courtiers qui originaient les crédits *subprimes* et les cédaient aux banques, avec les conséquences que l'on sait…

Bref, l'exploitation systématique des lacunes du système, plus la rivalité de compétence des régulateurs bancaires multiples – Office of the Comptroller of the Currency, Federal Reserve Systeme, FDIC (assurance des dépôts), State Banking – expliquent la non-identification de risques pris susceptibles de mettre en cause la stabilité du système.

À noter que Dodd-Frank n'a, en aucune manière, réduit le nombre de régulateurs au niveau fédéral, l'OTS est supprimé, mais une commission de protection des consommateurs est créée. Le statut « noble », celui de banque, étant celui qui emporte le maximum de contraintes et de limitations. Par voie de conséquence, les risques les plus élevés se réfugient dans les institutions qui sont plus faiblement supervisées. Dodd-Frank, en créant la catégorie dite SIFI (*systemically important financial institutions*), souhaite mettre en œuvre, à titre prospectif et de prévention, un environnement réglementaire dans lequel la supervision d'institutions susceptibles de présenter un risque pour l'ensemble du système financier est l'apanage de la

Réserve fédérale, ce qui *ipso facto* dépossède de ce rôle le régulateur primaire en charge de cette firme.

Si le principe au premier abord paraît procéder du bon sens, j'ai personnellement des réserves sur la matérialité des critères utilisés pour identifier les SIFI. Notamment la taille. Le risque systémique procède d'interconnexions, de corrélations et de dépendances insuffisamment identifiées. Il ne peut être analysé et reconnu que par l'observation macro d'un ensemble, et pas au niveau de la supervision d'une firme.

Par ailleurs, on peut s'interroger sur la pertinence de soumettre à des règles bancaires type Bâle III des métiers autres que ceux de la banque.

Également, la pratique suivie par le FSOC a fait l'objet de la part des professionnels, mais aussi au Congrès, de nombreuses critiques en dépit d'une histoire courte. La première identification des SIFI a été faite en novembre 2011, au niveau global, par le FSF/FSB avec une actualisation en novembre 2013. Aux États-Unis, huit banques sont sur cette liste : Bank of America, Bank of NY Mellon, Citigroup, Goldman Sachs, JP Morgan Chase, Morgan Stanley, State Street et Wells Fargo.

Mais Dodd-Frank prévoit explicitement la possibilité d'inclure dans la liste des SIFI certaines *non-bank financial companies* en fonction de leur taille, de leurs interconnexions, de leur effet de levier, des services similaires offerts par des concurrents, de leur risque de liquidité ou de la préexistence d'une surveillance prudentielle. Les SIFI supportent une contrainte de capital réglementaire supérieur de l'ordre de 250 points de base, par rapport à leurs pairs qui ne sont pas ainsi qualifiés. Et tout récemment, un des gouverneurs de la Fed, Daniel Tarullo, a proposé de relever encore le niveau de capitalisation des SIFI américaines jusqu'à potentiellement 12,5 % des actifs moyens pondérés (*risk-weighted assets*).

Il en résulte un concert de protestations d'une profession déjà affaiblie par la crise financière de 2007, qui désormais subirait des contraintes de capital beaucoup plus lourdes que celles adoptées par le Comité de Bâle.

Les critiques ont été nombreuses :

• La dépossession des attributions du Congrès et des agences fédérales par une organisation internationale, problème de souveraineté…

• La pérennisation du *too big to fail*, que les nouveaux mécanismes dits de résolution étaient supposés abolir. De fait, il existe une procédure établie par Dodd-Frank, mais non encore testée. Instituer une classe de SIFI implique la reconnaissance que ces banques ne peuvent pas être liquidées, car leur disparition déstabiliserait le système financier mondial. Certes, il existe une procédure conduite par le FDIC pour liquider de manière ordonnée toute banque, y compris les SIFI. Mais le président des États-Unis peut toujours exercer son veto. Et les agences fédérales, Fed et FDIC, ont récemment repoussé en bloc les schémas de *living wills* (mécanisme de résolution ordonnée), présentés par toutes les SIFI bancaires.

• La balkanisation du système, le FSOC étant le conseil où toutes les agences sont présentées ou représentées sous la présidence du secrétaire au Trésor. Sont-elles capables d'aller au-delà de leur périmètre de responsabilité ? On peut en douter.

- Certains ont suggéré que des pans entiers d'activité devraient être exclus du champ potentiel de la qualification SIFI.

- D'autres objections ont été formulées à l'occasion de l'identification de firmes non bancaires, tel le cas de Met Life, abondamment débattu au Congrès et dans les médias. Dans ce cas d'espèce, la transparence et le caractère contradictoire de la procédure qui figure dans l'intention du législateur ont été occultés.

La décision initiale est au niveau du FSB/FSF qui, en juillet 2013, désigne AIG, Prudential et MetLife comme SIFI. Ratification rapide pour AIG et Prudential par le FSOC, mais décision différée pour MetLife. Quand ce dernier dossier est ouvert avec un délai de plus d'une année en août 2014, il y a désaccord public entre le secrétaire au Trésor et le *superintendant* des services financiers de New York, dont l'intégrité et la rigueur sont reconnues. En vérité, la seule justification de la qualification SIFI pour une compagnie d'assurances largement domestique comme MetLife est le fâcheux précédent d'AIG. Et l'activité « dérivées » d'AIG était sous le contrôle de l'Office of Thrift Supervision, supprimé par Dodd-Frank, non du commissaire aux assurances de New York, qui est chargé de la supervision prudentielle au niveau étatique. (L'activité d'assurance aux États-Unis est du ressort des États, non du niveau fédéral.) L'affaire est désormais du ressort du Congrès et notamment de la Chambre des représentants, où la majorité républicaine, populiste, est par principe hostile aux grandes firmes de Wall Street et favorable aux banques régionales de taille moyenne.

La Commission bancaire demande dans une lettre ouverte à Jack Lew, secrétaire au Trésor, de suspendre toute nouvelle désignation de SIFI pour des non-banques jusqu'à ce que le Congrès ait une compréhension complète du type de supervision que la Fed appliquerait a une *shadow bank*.

Concrètement, la qualification SIFI aux États-Unis pour une *non-bank* se résume pratiquement à transférer la supervision de la firme en question à la Fed, qui lui appliquera les règles établies pour les huit banques systémiques, pour la plupart largement diversifiées, avec une présence importante à l'international, d'où des problèmes de supervision de risques transfrontaliers. Est-ce bien le cas de MetLife ou de Prudential ? Je ne le pense pas pour ma part. La Chambre a passé en juillet 2014 un moratoire d'un an pour toute nouvelle qualification SIFI. Pourtant, engagé dans ce processus de régulation des *shadow banks*, le Financial Stability Board a adopté en janvier 2014 une règle selon laquelle tout *asset manager*, avec plus de 100 Md£ sous gestion, doit être revu pour une éventuelle désignation comme SIFI. Si le FSOC suit ces recommandations, toute société de gestion avec 100 Md$ d'AUM serait potentiellement supervisée par la Fed.

En conclusion de son ouvrage précédemment mentionné, Jean-François Lepetit cite le dicton normand : « À chacun selon son métier, et les vaches (!) seront bien gardées. » Mon propos n'est pas de contester le principe de règles à imposer à un secteur faiblement ou pas régulé, mais plus simplement de considérer qu'on n'éliminera pas le risque systémique en soumettant des assureurs ou des sociétés de gestion aux règles élaborées pour des méga-banques complexes et largement internationalisées. Sans mentionner les différences de financement et l'absence de dépôts du public.

Le secteur de la gestion aurait 87 Tr\$ d'AUM, la principale société du secteur, BlackRock, seule, 4,4 Tr\$. Il y a des différences structurelles fondamentales entre les banques et les sociétés de gestion, ces dernières gérant des fonds de tiers détenus dans des comptes maintenus par d'autres entités indépendantes dont c'est le rôle unique de *custodian*. La faillite de la société de gestion n'implique pas nécessairement des pertes pour ses clients investisseurs. Par ailleurs, il n'y a pas ou peu d'effet de levier dans l'activité des sociétés de gestion.

Finalement la taille des AUM n'est peut-être pas le critère approprié pour qualifier de « SIFI » une société de ce secteur. L'analyse doit être beaucoup plus fine et pas nécessairement conduite initialement au niveau du FSOC ou du FSF/FSB. De fait, une réforme du secteur des *money market funds*, du ressort de la Securities & Exchange Commission, le régulateur des activités de marché, est largement attendue, et le retard, imputable principalement à des incohérences bureaucratiques fréquentes dans ce pays, est éminemment préoccupant.

Comme souligné par Sheila Bair, ancienne présidente du FDIC et critique acerbe du système balkanisé de supervision financière, les fonds mutuels devraient soit avoir une valorisation flottante des actifs sous-jacents, soit être soumis à constitution de réserves comme le secteur bancaire. Ce dilemme n'est pas encore arbitré.

Cette situation vulnérabilise un secteur essentiel pour le recyclage de l'épargne.

Les fonds mutuels agissent souvent en qualité de prêteurs aux institutions bancaires et financières. Des FCP de la Caisse centrale des Banques populaires figuraient, au début des années 1990, dans les cinq premiers créanciers de Drexel Burnham Lambert, qui finançait exclusivement son portefeuille de *junk bonds,* par *roll over* au jour le jour du programme de papier commercial de la firme, sans accès à la fenêtre de réescompte de la Fed du fait de son statut de *broker-dealer.* Les investisseurs français dans ces SICAV/FCP étaient-ils conscients des risques pris par les gestionnaires ? Il en fut de même en septembre 2008 au moment de la faillite de Lehman Brothers. Un phénomène de *run* se produisit très rapidement, entraînant 500 Md$ de retraits, et la première manifestation de cette interconnexion entre le secteur bancaire et celui des *money market funds* (MMF) fut dans le marché des *repos.*

Les MMF prêteurs au secteur bancaire, craignant des faillites massives, retiraient leurs fonds à titre de précaution en anticipation de baisses de la valeur des collatéraux si des vagues de liquidation se produisaient. De même, au niveau des investisseurs particuliers, voire des entreprises dans les MMF, en dépit des mises en garde répétées, il y a toujours la tentation de considérer que les fonds gérés par les MMF sont une autre forme de dépôts implicitement garantis. Jusqu'au réveil brutal.

On voit bien le débat : certains de ces MMF sont engagés dans des activités de prêt et ne sont pas soumis aux contraintes prudentielles de la profession bancaire. Ceci devrait plaider en faveur d'un régulateur unique de la profession bancaire et d'assurance, qui existe au Canada depuis 1987 et a été établi en France beaucoup plus récemment par la fusion dans l'Autorité de contrôle prudentiel de la Commission bancaire et du régulateur du secteur assurance, plutôt que de soumettre à des règles arrêtées pour des institutions bancaires complexes les compagnies d'assurances domestiques. C'est la balkanisation des superviseurs des secteurs financiers, par secteurs d'activité et par ressort géographique – fédéral ou au niveau de l'État –, qui contribue majoritairement aux risques de contagion et de déstabilisation.

D'où notre proposition : peut-être faut-il moins de régulation et ne pas légiférer pour plus de contrôle après chaque nouvelle crise financière, mais bien plutôt consolider la supervision des banques et des non-banques sous une autorité unique pluridisciplinaire ?

La banque de l'ombre contribue à développer la concurrence dans un secteur financier dominé par quelques grandes maisons. Les dix premières banques américaines représentent plus de 90 % du secteur en termes d'actifs, le solde se partageant entre près de 7 000 institutions, certaines locales avec seulement quelques dizaines de millions de dollars de total bilan. Il est sain et utile pour le financement de l'économie de diversifier et de spécialiser les acteurs de son financement.

Mais on ne doit pas pour autant accepter, comme c'est le cas en Chine, de confier *de facto* aux non-banques, notamment aux *trust companies*, le crédit aux secteurs les plus exposés et les moins capitalisés. Ou bien encore laisser le secteur bancaire devenir un acteur majeur du financement des non-banques.

Et comme le réclamait le *Financial Times* dans un article du 20 juin 2014, « *non-banks should, however, complement the activities of banks, and not supplant them. They must not be banks by other name – and without the regulation* ».

Chapitre 4

Les nouvelles formes numériques du *shadow banking* : du *crowdfunding* au bitcoin

Alexis Collomb

Le *shadow banking* peut être décrit de manière générale comme l'ensemble des « activités d'intermédiation de crédit impliquant des entités extérieures au système bancaire traditionnel[1] ». Or, avec le développement des systèmes d'information dans les années 1980, puis de l'Internet dans les années 1990, des mécanismes de crédit ont pu se multiplier qui étaient explicitement ou non adossés à des institutions bancaires. Comme le dit R. Shiller, « la prolifération d'équipements destinés à traiter l'information et les avancées concomitantes durant ces dernières décennies de méthodes économétriques pour analyser les données économiques ont permis de mesurer et de voir des quantités économiques qui étaient restées jusque-là inobservables » (Shiller, 2003). Cette compréhension de plus en plus fine de certaines quantités économiques, d'une part, les progrès notoires dans les moyens de paiement électronique, d'autre part, ont permis une révolution dans la distribution de crédits aux particuliers, mais

---

1. Rapport du Financial Stability Board, *Recommendations to Strengthen Oversight and Regulation of Shadow Banking*, p. 4, 27 octobre 2011. Toutes les traductions des citations sont de l'auteur.

également aux entreprises. Et ces mécanismes de distribution de crédit peuvent souvent être assimilés au *shadow banking* puisqu'ils ne sont pas toujours intégrés à des institutions bancaires, loin s'en faut[1]. Dans son rapport sur le *shadow banking*, le Conseil de stabilité financière (Financial Stability Board – FSB) demande d'ailleurs des informations sur « les actifs détenus par des compagnies de cartes de crédit non bancaires car elles sont importantes dans certaines juridictions », et peuvent être des sources significatives de risque[2].

En tout cas, aujourd'hui, il semble bien que c'est l'avènement de notre « âge de l'information » qui a été l'origine et le vecteur de développement principal du *shadow banking*. Dans un ouvrage récent (McMillan, 2014), les auteurs affirment que c'est justement la transition de l'âge industriel – où les transactions devaient être enregistrées sur papier – à l'âge de l'information – où les transactions sont enregistrées électroniquement – qui aura permis le développement fulgurant du *shadow banking*. Avec l'émergence des ordinateurs et des communications électroniques, le crédit s'est détaché du bilan des banques et cela a eu des conséquences profondes sur l'efficacité de la régulation bancaire[3].

---

1. On pourra par exemple se référer au développement des compagnies de cartes de crédit, comme American Express qui fut adossée originellement à un service de messagerie et de transport de fonds.
2. Le Financial Stability Board cite dans son *Global Shadow Banking Monitoring Report 2014*, p. 47, le Chili, le Mexique et l'Uruguay comme des pays portant ce risque.
3. On pourra consulter l'article d'I. Kaminska, « Why Banking Got out of Control in the Digital Age », *Financial Times*, 31 octobre 2014, à ce sujet.

Comme le souligne le Conseil de stabilité financière, l'un des intérêts du *shadow banking*, au-delà du simple fait de pouvoir fournir aux participants du marché et aux entreprises une source alternative de fonds et de liquidité, est de permettre une allocation efficace de crédit à l'économie puisque « des entités non bancaires peuvent avoir une expertise spécialisée qui leur permet d'offrir certaines fonctions dans la chaîne d'intermédiation de crédit à des coûts plus bas[1] ».

Considérons les deux rôles les plus traditionnels des banques commerciales, l'intermédiation et la transformation. Pour ce qui est de l'intermédiation, on constate que ce rôle peut être de plus en plus facilement rempli par des marchés ou des plateformes électroniques qui permettent notamment aux épargnants de trouver des projets ou des entreprises dans lesquels investir et ce, sans les frais de transaction bancaires. C'est notamment ce qu'on appelle le *crowdfunding*, ou « financement participatif », sur lequel nous reviendrons. Pour ce qui est de la transformation, les choses sont un peu plus compliquées car les banques remplissent cette fonction d'autant plus facilement qu'elles mettent en relation deux types de clientèles : les épargnants qui, en général, ont besoin de liquidités de plus court terme et préfèrent les placements de court terme ; les entreprises qui, elles, cherchent des financements de plus long terme. Les banques sont donc très bien placées historiquement pour assurer cette fonction de transformation de maturité. Cependant, là aussi, l'émergence de plateformes numériques de financement entre prêteurs et emprunteurs pourrait remettre l'ordre établi en question.

---

1. Rapport du Financial Stability Board, *Recommendations to Strengthen Oversight and Regulation of Shadow Banking*, 27 octobre 2011, p. 4.

Un autre rôle clé du banquier commercial est son expertise des dossiers, qui doit *a priori* permettre de réduire l'asymétrie d'information entre les entreprises qui empruntent et les épargnants qui investissent. Or, justement aujourd'hui, avec la multiplicité des secteurs et la complexité des différentes activités industrielles, l'allocation de crédit tend à devenir de plus en plus spécialisée et doit s'appuyer sur des bases de données qui dépassent l'expertise traditionnelle du banquier commercial. Aussi, si la spécialisation du crédit a été un déterminant de la structuration du *shadow banking*, notamment par le biais de la titrisation, cette force est aujourd'hui plus que jamais en marche avec la possibilité d'avoir des communautés spécialisées de prêteurs et d'emprunteurs se parlant directement entre eux *via* une plateforme digitale. Afin de comprendre ces nouveaux flux digitaux de crédit assimilables au *shadow banking*, nous en dresserons dans un premier temps une typologie, puis nous nous intéresserons dans un deuxième et troisième temps à deux catégories de flux correspondant aux innovations numériques les plus récentes, le *crowdfunding* et le *peer-to-peer lending*.

TYPOLOGIE DES FLUX DE CRÉDIT ET DE FINANCEMENT

Nous produisons ici une typologie des mécanismes d'allocation de crédit entre les entreprises (ou *businesses* – B) et les consommateurs (ou *consumers* – C). Suivant cette classification, nous verrons que la numérisation de l'économie concerne surtout les relations qui impliquent les particuliers/consommateurs (le C).

Flux B2B

Ils concerneront les flux entre des fonds prêteurs et des entreprises demandeuses de financement, par exemple, un fonds de *private equity* (PE) ou un *hedge fund* (HF) qui prête de l'argent sur cinq ans à une grande entreprise pour implanter une usine dans un pays émergent. Dans ce cas, le fonds de *private equity* ou le *hedge fund* vient se substituer à la banque commerciale traditionnelle et fournit à l'entreprise un ensemble de services (conseil, prêt, co-investissement possible, etc.) que la banque traditionnelle aurait autrefois fournis[1]. Ce cas nous intéresse moins car il ne présente *a priori* pas d'exploitation particulière des dernières technologies numériques[2].

Flux B2C

Cette situation concerne tous les cas où une entreprise, *a priori* non bancaire, va accorder directement du crédit aux consommateurs. Les cas de figure sont multiples et vont bien au-delà des compagnies non bancaires fournisseuses de cartes de crédit déjà évoquées. Ainsi, pour prendre un secteur appréhendable par tous, on peut remarquer que la plupart des constructeurs automobiles ont aujourd'hui une filiale dédiée aux crédits de leurs consommateurs, ou travaillent en partenariat avec des

---

1. Même si traditionnellement les fonds de *private equity* (focalisés sur le capital non coté) et les *hedge funds* (focalisés sur les titres cotés) avaient des activités très différentes, il est à noter qu'il y a une convergence et une compétition croissante entre ces types de fonds qui diversifient leurs activités. Et avec la crise récente, et les dislocations et les opportunités qu'elle aura provoquées, certains HF ont lancé des opérations de PE.

2. Une bonne maîtrise d'Excel semble encore parfaitement suffisante pour les modèles de valorisation utilisés en PE (analyse des *discounted cash-flows*, calcul de la *net present value*, etc.).

institutions financières ou de crédit. L'intérêt pour eux est divers : d'abord ils connaissent mieux que personne leurs clients et leurs besoins de financement, et peuvent construire au fil des années de fines bases de données propriétaires. Ensuite, bien sûr, en accordant des crédits très spécialisés, ils financent le développement de leurs propres activités (des revenus aux bénéfices) et fidélisent leur clientèle. Les modèles peuvent être différents d'une compagnie à l'autre, mais aujourd'hui quasiment tous les grands constructeurs automobiles ont une activité de crédit aux consommateurs très développée. BMW par exemple a sa propre filiale, BMW Financial Services, qui offre à travers le monde une « gamme extensive de services et fournit une information experte sur le financement, le crédit-bail, l'assurance, la gestion d'actifs » et même des financements pour ses distributeurs ou pour les flottes d'entreprises[1]. On constate là la sophistication financière de BMW qui semble avoir peu de chose à envier à une banque commerciale traditionnelle. De même, pour prendre un exemple français, le groupe PSA Peugeot Citroën s'appuie sur Banque PSA Finance, une banque filiale qui elle-même détient CREDIPAR. Cette dernière filiale, spécialisée dans le crédit, est « étroitement associée à la politique commerciale des marques Citroën et Peugeot et de leurs réseaux de distribution. CREDIPAR accompagne leur développement en proposant une gamme complète de financements et de services associés, destinée à leurs clientèles de particuliers et d'entreprises[2] ». Ce qui a rendu possible la mise en place de ces filiales de grands groupes industriels dédiées aux crédits de ses clients (consommateurs ou entreprises) et

---

1. *www.bmw.com/com/en/insights/corporation/financialservices/content.html.*
2. *www.credipar.fr/qui-sommes-nous.html.*

à l'appropriation de fonctions qui autrefois étaient quasiment réservées aux banques commerciales, ce sont bien ces « avancées hautement significatives dans les techniques de stockage de l'information, avancées qui ont permis à des entrepôts entiers de dossiers d'être conservés et traités, et ce de manière fiable » (Shiller, 2003, p. 69). Il aurait été tout simplement impossible au XIXe siècle, ou durant une bonne partie du XXe siècle, d'avoir cette capacité de stockage et de traitement de l'information, et les barrières d'entrée aux activités de crédit exercées par les banques traditionnelles étaient alors bien trop élevées.

Flux C2B

Cette catégorisation renvoie à toutes les situations de financement où les consommateurs financent directement une entreprise. Cela était impensable avant la prolifération de l'Internet, surtout avec une telle granularité – les investissements réalisés par ces particuliers peuvent dans certains cas ne représenter qu'une dizaine d'euros. Il y a encore une quinzaine d'années, lorsqu'on parlait de désintermédiation des banques dans le financement des entreprises, on évoquait surtout l'accès direct des entreprises aux marchés et, par exemple, le fait que les entreprises américaines, par rapport à leurs homologues françaises, se finançaient davantage sur les marchés qu'auprès des banques. Aujourd'hui, à l'ère digitale, la plupart des marchés sont devenus électroniques et la propriété de titres est devenue plus accessible à tous *via* des brokers ou des banques en ligne (on pourra penser par exemple à E-Trade aux États-Unis ou Boursorama en France). Mais, même dans ces configurations plus récentes, l'accès d'un particulier à un titre (par exemple une action) reposait à la fois sur sa banque en ligne et sur l'intermédiation d'un marché organisé. Désormais, même si le schéma précédent reste bien sûr prévalent, le financement participatif permet aux particuliers de financer directement les entreprises avec des petits montants et des coûts totaux d'intermédiation très faibles – en passant par une plateforme de *crowdfunding* plutôt qu'une Bourse. Nous reviendrons dans la section suivante sur cette nouvelle forme de financement dite participative.

Flux C2C

Ce cas désigne le financement direct entre particuliers, souvent appelé *peer-to-peer lending* ou *P2P lending* – ou encore *social lending*, à cause des motivations humanitaires de certains prêteurs. Les moyens informatiques et techniques nécessaires sont essentiellement les mêmes que pour le financement participatif puisqu'une plateforme électronique accessible sur l'Internet permettra aux prêteurs de trouver les emprunteurs, de consulter leurs dossiers et leurs demandes, et de choisir. Il faut noter que certaines de ces activités s'appuient sur de nouvelles monnaies digitales (*digital currencies*), prévalentes au sein de certains réseaux sociaux. Certaines de ces unités de compte digitales sont en pleine expansion, même si encore très controversées, comme les bitcoins. Dans le cas de ces moyens de paiement digitaux, il y a une double désintermédiation dans la chaîne de crédit : non seulement le système bancaire est contourné mais la monnaie officielle également (jusqu'ici une prérogative régalienne de l'État). En effet, les membres de la « communauté bitcoin » s'enverront directement des unités, ou fractions d'unité, de cette référence plutôt que des dollars ou des euros. Nous reviendrons dans la dernière partie sur ces cas intéressants, et toujours en pleine évolution, du *P2P lending* et des « monnaies virtuelles » comme le bitcoin.

LE FINANCEMENT PARTICIPATIF OU *CROWDFUNDING*

Nous nous concentrerons ici sur ce nouveau mode de financement participatif qu'on peut inclure dans le *shadow banking* puisque, sauf exception, il n'est pas adossé à une banque et n'est donc pas contraint par la réglementation bancaire traditionnelle[1].

A. Schwienbacher et B. Larralde (2010) présentent le concept du *crowdfunding* comme étant « un appel ouvert, effectué pour l'essentiel à travers l'Internet, à la collecte de ressources financières, sous forme de donation ou en échange d'une forme de compensation ou de droits de vote, afin de soutenir des initiatives avec des objectifs spécifiques ».

B. Le Pendeven (2015) définit ces organisations de financement participatif en ligne comme étant « des acteurs, firmes ou associations, qui utilisent Internet pour récolter des montants financiers auprès d'un nombre relativement élevé d'acteurs (au moins plusieurs dizaines) [afin de] les investir suivant leurs choix et aspirations dans des projets demandant à être financés (entreprises, projets associatifs, projets humanitaires, projets culturels, etc.). Ces financements peuvent être réalisés sous forme d'apport en capital, de prêts ou de dons et reçoivent dans la plupart des cas une contrepartie, monétaire ou non ». Il est intéressant de noter que les financements purement philanthropiques ne concernent que 9 % des projets, alors que les autres 91 %

---

1. En France, la réglementation du financement participatif a fait l'objet du décret n° 2014-1053 du 16 septembre 2014 qui concerne les intermédiaires en financement participatif, les conseillers en investissements participatifs, les emprunteurs et les prêteurs sous forme de prêts participatifs.

font l'objet d'une rétribution aux financeurs, financière ou non (Belleflamme *et al.*, 2013).

Les modèles de financement participatif peuvent différer et nous suivons ici la typologie utilisée par la plupart des auteurs (Le Pendeven, 2015) qui distinguent en général quatre catégories de financement participatif :

- **Le modèle d'investissement en capital (dit *equity model*)** où le particulier financeur acquiert une part du capital de l'entreprise en échange de sa participation. C'est une manière pour les internautes prêteurs d'agir comme des *business angels* ou de faire du *seed funding* pour des petits montants. Le travail administratif et comptable nécessaire à l'enregistrement et à la documentation de ces nombreuses transactions est fourni par la plateforme et son équipe de gestion, qui pourra s'appuyer sur des processus en général très automatisés et standardisés. Avant de procéder à un financement, un internaute pourra typiquement consulter un ensemble de documents mis à sa disposition par l'entreprise cherchant à lever des fonds (un *data room* virtuel) et même, dans certains cas, échanger avec les responsables-fondateurs de l'entreprise *via* un *chat* ou une téléconférence. L'internaute peut donc faire une *due diligence* plus ou moins appuyée selon les modalités du site et la disponibilité des entrepreneurs/leveurs de fonds. En France, on pourra citer comme exemples de ce type de plateforme de financement *via* des parts de capital Anaxago[1] ou SmartAngels[2].

---

1. *www.anaxago.com.*
2. *www.smartangels.fr.*

- **Le modèle de prêt (dit *lending model*)** où le particulier financeur prête à l'entreprise à un taux généralement fixe et souvent validé conjointement par l'entreprise et la plateforme. Le taux du prêt peut aller de zéro, lorsqu'il s'agit d'un prêt dit « solidaire » (on pourra par exemple consulter le site de microcrédit solidaire Babyloan[1]), à un pourcentage élevé (par exemple 10 %) en fonction du profil de risque de l'emprunt.

- **Le modèle de don en échange d'une récompense (dit *reward-based model*),** qui représente environ 40 % des sites de *crowdfunding*. Ces plateformes proposent à des internautes de « financer *via* des dons (pas de prêt ni prise de parts en capital) des projets d'entreprises ou créatifs en échange de récompenses » (Le Pendeven, 2015). La nature des récompenses pourra grandement varier : il pourra par exemple s'agir pour le donateur d'avoir la possibilité de rencontrer le réalisateur du film qu'il aura financé, d'être invité à une exposition en avant-première, de recevoir une œuvre en série limitée uniquement réservée aux donateurs, etc. On peut remarquer que, dans ce cas, les financeurs deviennent également des *early customers*, avec parfois une véritable valeur ajoutée de conseil, de promotion et d'aide à la notoriété *via* leurs réseaux sociaux (Mollick, 2013). Comme exemple d'un tel site en France, on pourra se référer au site Ulule[2] où les récompenses des financeurs varient en fonction du montant des dons. On peut remarquer que ces sites spécialisés sont également en compétition avec des fondations qui ont compris l'intérêt de faire des appels à cotisation directe auprès

---

1. *www.babyloan.org/fr.*
2. *fr.ulule.com.*

de leurs adhérents. Il y a d'ailleurs une tendance de plus en plus forte à faire appel à ce type de financement participatif pour des projets de rénovation patrimoniale. Ainsi, pour financer la rénovation de la croix de Lorraine à Colombey-les-Deux-Églises, la Fondation du patrimoine aura déjà levé plus de 370 k€ auprès des internautes. Comme souvent pour les activités de mécénat, la visibilité des remerciements adressés à un donateur sera proportionnelle au montant de son don[1].

- **Le modèle social et philanthropique (dit *social model*)** qui permet aux demandeurs de recevoir des dons en échange d'une « profonde reconnaissance » ou de « vifs remerciements » pour des projets à vocation sociale ou sociétale. Là non plus certains de ces appels de fonds ne passent pas toujours par une plateforme de finance participative et sont souvent faits directement par les porteurs de projet, comme c'est le cas par exemple de Wikipédia qui gère directement sa levée de fonds en ligne.

Il y a bien entendu quelques variantes hybrides de ces modèles comme le *royalty model*, où chaque financeur pourra se partager une partie des revenus générés par l'entreprise au prorata de sa participation.

Les ordres de grandeur des levées de fonds varient entre ces types de modèles, mais on évaluait en 2012 le montant moyen d'une campagne de finance participative à 50 k€ pour l'*equity model*, à 4,5 k€ pour le *lending model*, à 3 k€ pour le *reward-based model*, et à 500 € pour le *social model* (De Buysere *et al.*, 2012). Il est à noter que ces chiffres ont

---

1. *www.fondation-patrimoine.org/fr/champagne-ardenne-8/tous-les-projets-421/detail-croix-de-lorraine-a-colombey-les-deux-eglises-15024.*

probablement fortement augmenté depuis, avec la popularisation croissante du *crowdfunding*.

Les revenus des plateformes de *crowdfunding* elles-mêmes peuvent se décliner suivant différents modèles (commissions sur les levées de fonds effectuées, forfait fixe indépendant du résultat de la campagne, services collatéraux et prestations de conseil en aval, etc.) mais on estime qu'en général les commissions prélevées étaient en 2012 de l'ordre de 7 % à 8 % des montants initialement destinés aux emprunteurs (Massolution, 2012). La tendance est très probablement à la baisse avec la compétition croissante entre les sites de *crowdfunding*.

LE PRÊT ENTRE PARTICULIERS ET LES MONNAIES VIRTUELLES

Le prêt entre particuliers

Le prêt entre particuliers, ou *peer-to-peer lending (P2P)*, permet aux uns de prêter directement aux autres, à partir de sites en ligne, en s'affranchissant donc de l'intermédiation d'une institution bancaire ou de crédit[1]. Ce système est analogue au microcrédit ou à la microfinance en cela que les emprunteurs sont en général, comme pour le microcrédit, des particuliers, parfois en situation de précarité, qui sollicitent des petits montants (par exemple une centaine d'euros) afin de mener à bien un projet. Mais dans le cas du *P2P lending*, les prêteurs ne sont pas des

---

1. Il est à noter que la traduction française « prêt de pair à pair » de cette terminologie originellement anglo-saxonne serait peut-être plus appropriée. En effet, l'engouement croissant pour ces plateformes fait qu'aujourd'hui elles peuvent être utilisées pour des très petites entreprises (TPE) – la frontière entre le *crowdfunding* et le *P2P lending* devenant alors floue.

institutions dédiées à la microfinance ou au microcrédit (comme la Grameen Bank[1]) mais des particuliers eux-mêmes. Dans certains cas, ces plateformes se mélangent avec celles de *crowdfunding* et sont aussi utilisées par des entrepreneurs désireux de trouver un financement pour un projet professionnel, par exemple pour une très petite entreprise (TPE) qu'ils souhaitent fonder.

Le prêt entre particuliers s'est déjà considérablement développé aux États-Unis avec des plateformes telles que Lending Club ou Prosper qui cherchent à mettre directement en contact des prêteurs avec des emprunteurs, en évitant ce faisant « la toile d'infrastructures et de régulations qui régissent le fonctionnement des banques traditionnelles. Le résultat [doit être] un taux plus bas pour les emprunteurs et un rendement plus important pour les investisseurs[2] ». Ces sites se sont considérablement développés depuis leur création (Lending Club avait par exemple réalisé au 30 septembre 2014 plus de 6,2 Md$ de prêts cumulés en environ six ans d'existence) et attirent aujourd'hui les institutions financières *mainstream*[3], à tel point que certains acteurs pensent que « le prêteur [risque de devenir] une institution sans visage et sans autre motivation que le retour sur investissement[4] ».

---

1. La Grameen Bank, fondée par un économiste et entrepreneur bangladais, Muhammad Yunus, est considérée comme la première institution de microcrédit.
2. T. Alloway, « Peer-to-Peer Lending Platforms Look to Rival Traditional Banks », *Financial Times*, 29 janvier 2013.
3. P. Jenkins et T. Alloway, « Democratising Finance : Big Banks Eye Peer-to-Peer Lending Push », *Financial Times*, 28 janvier 2015.
4. N. Athwal, «The Disappearance of Peer-to-Peer Lending », *www.forbes.com*, 10 octobre 2014.

Il existe principalement deux manières de réaliser ces prêts :

- d'un à un (ou de gré à gré) : par exemple, un particulier prêtera à un autre particulier le montant total de l'emprunt demandé par ce dernier ;

- de plusieurs à un : plusieurs particuliers dont les prêts individuels seront agrégés par la plateforme afin de financer le montant total d'une demande plus importante. Il faut noter que, grâce à la dématérialisation de ce type de plateforme de marché, les prêteurs intéressés par le même dossier peuvent, sur certains sites, échanger et se concerter avant de finaliser la transaction.

Le fonctionnement pour l'emprunteur est simple : il commencera par renseigner un dossier virtuel sur ses caractéristiques, les raisons de sa demande d'emprunt, son projet personnel ou professionnel, etc. La plateforme évaluera la demande de financement, en attribuant le plus souvent à chaque dossier retenu un score de crédit (*credit score*). Selon la plateforme, l'emprunteur pourra se rendre disponible pour répondre aux questions ou échanger avec des prêteurs potentiellement intéressés. Une fois le (ou les) prêteur(s) trouvé(s), l'emprunteur recevra le prêt demandé qu'il devra typiquement rembourser par mensualités.

Du côté du prêteur, celui-ci pourra regarder les différents dossiers d'emprunt déjà présélectionnés par la plateforme et choisir le (ou les) projet(s) qu'il veut financer en fonction de ses affinités, des taux proposés, de son évaluation du risque de crédit pour cet emprunteur et son projet, etc. Une fois le prêt conclu, le prêteur touchera des mensualités comme pour tout prêt normal.

Il est à noter que le *P2P lending* s'est surtout développé à partir de 2008, à la fois avec la maturation des premiers réseaux sociaux et du Web 2.0, et dans le sillage de la crise financière où une grande partie de la population se trouvait particulièrement marginalisée face à des politiques de crédit bancaires de plus en plus contraignantes : estimations de crédit (*credit scoring*) des particuliers plus drastiques, capacités de crédit bancaire amoindries (difficultés financières des banques, renforcement de leurs exigences prudentielles, sélectivité accrue des prêts dans un contexte de crise, etc.).

L'intérêt du *P2P lending* pour les emprunteurs est qu'il peut permettre à des profils « atypiques » ou « à risque » (primo-entrepreneurs, jeunes salariés sans revenus établis, etc.) de formuler des demandes de crédit qui seraient très probablement rejetées par des institutions traditionnelles.

Du point de vue des investisseurs, l'intérêt de ces plate-formes de P2P *lending* peut être multiple : rechercher un rendement plus élevé dans un contexte général de taux bas ; avoir un contrôle direct (sans un banquier comme intermédiaire) sur l'allocation de leurs investissements ; avoir un rôle philanthropique ou social dans un contexte où l'économie solidaire devient de plus en plus appréciée, etc.

Les monnaies virtuelles et le cas du bitcoin

Il nous faut mentionner ici le développement des monnaies digitales (*digital currencies*) car elles sont de plus en plus utilisées au sein de certaines communautés virtuelles de particuliers comme mode de paiement électronique. En éludant ici la question de savoir si ces unités virtuelles aux valeurs encore extrêmement volatiles peuvent vraiment prétendre au statut de monnaie, traditionnellement la prérogative régalienne d'un État, il est intéressant de remonter aux motivations originelles de leur lancement. Ainsi, si l'on se réfère à l'article considéré comme fondateur du bitcoin, il est clairement dit en introduction que l'une des motivations d'un tel système est de se passer de l'intermédiation des institutions financières traditionnellement garantes du commerce électronique. « Le commerce électronique s'appuie presque exclusivement aujourd'hui sur des institutions financières servant comme des tiers de confiance garants de l'intégrité des paiements électroniques. Si le système marche bien pour la plupart des transactions, il souffre néanmoins des faiblesses inhérentes à ce modèle de confiance… Les coûts de médiation augmentent les coûts de transaction, limitant la taille minimale pratique des transactions et bloquant la possibilité d'avoir des petites transactions occasionnelles » (Sakamoto, 2011).

À long terme, la valeur aujourd'hui encore très volatile d'un bitcoin va dépendre de la pérennisation et de la croissance de son utilisation comme moyen de paiement au-delà d'une communauté initiale d'*early adopters*. Comme l'a dit Star Xu, le directeur général d'un des principaux échanges de bitcoins, OKCoin, situé en Chine : « Pourquoi est-ce qu'un bitcoin a aujourd'hui un prix ? Parce que des gens pensent qu'il sera utilisé dans le futur… L'industrie du bitcoin doit trouver de nouvelles utilisations pour les bitcoins, sinon la confiance dans les bitcoins va s'éroder[1]. » Parmi les utilisations possibles des bitcoins citées par cet entrepreneur on trouve, par

---

1. *www.coindesk.com/okcoin-star-xu-bitcoin-price*.

exemple, les paiements transfrontaliers particulièrement appréciés de certains consommateurs chinois, désireux soit de se procurer des biens de consommation à l'étranger, soit d'envoyer de l'argent à l'étranger pour financer les études de leurs enfants. Là encore on voit que le bitcoin est vu comme un moyen de contourner les circuits de paiement traditionnels, surtout si ces derniers sont sujets à des restrictions de change ou infligent des coûts de transaction importants.

CONCLUSION ET PERSPECTIVES D'AVENIR

Comme notre taxonomie des flux l'a montré, aujourd'hui le *shadow banking* existe sous de multiples formes et mobilise de nombreuses activités de crédit hors des circuits bancaires traditionnels : il peut rapprocher un fonds de *private equity* et une grande entreprise (B2B) ; il peut mettre en rapport des organismes de crédit industriels dédiés et des catégories de consommateurs spécifiques (B2C) ; il peut permettre à des petites entreprises de se financer directement auprès des internautes (C2B) ou, enfin, il peut désigner des prêts entre particuliers (B2B). Certaines analyses récentes (McMillan, 2014) ont souligné les liens étroits entre le développement de l'informatique, de la bureautique et des techniques de traitement de l'information, et celle du *shadow banking* – à l'origine un ensemble d'activités bancaires traditionnelles qui purent se développer hors du bilan des banques et à la périphérie de l'attention des régulateurs. Mais ce qu'il nous paraît particulièrement important de souligner aujourd'hui, c'est que le *shadow banking* n'est plus l'apanage d'institutions, financières ou de crédit, mais aussi celui des particuliers. L'allocation du crédit, et donc le *banking* tout court, est en pleine évolution[1]. Pourquoi avons-nous jugé utile de nous intéresser dans ce chapitre à ce que nous appelons les nouvelles formes numériques du crédit ? Parce que si elles restent encore marginales par rapport à l'ensemble des activités d'intermédiation portées par les institutions traditionnelles, l'émergence de ces nouvelles plateformes force ces dernières à repenser leurs modèles économiques – l'évolution récente du *P2P lending*, qui attire aujourd'hui des fonds institutionnels, est à ce titre particulièrement évocatrice.

Le couplage des technologies dérivées de l'Internet et du *big data* devrait permettre d'avoir une compréhension beaucoup plus fine des comportements des consommateurs, de leurs habitudes, de leur santé, au niveau individuel aussi bien que collectif. Et si les mécanismes d'allocation de crédit évoqués plus haut doivent continuer à devenir de plus en plus « granulaires » et « intelligents », cette révolution digitale ne devrait bien sûr pas s'arrêter là… En plus des activités de crédit et de financement, elle devrait toucher l'ensemble des activités de transfert de risques (en particulier les activités assurantielles et de transformation de maturité, comme les transferts intergénérationnels). Nous avons aujourd'hui grâce à nos moyens considérables de rassemblement et de traitement de l'information une capacité inédite pour l'évaluation et le transfert des

---

1. L'auteur n'est pas un adepte particulier de la terminologie *shadow banking* qui, si elle peut se comprendre lorsqu'elle renvoie à des activités développées par des banques mais logées hors bilan, garde une connotation négative (on pense à une activité opaque, faite dans l'ombre…). Le terme de *parallel banking* serait par exemple plus neutre… En tout cas, les transformations numériques évoquées ici constituent une véritable révolution pour les prêteurs comme pour les emprunteurs et n'ont aucune raison *a priori* d'être labellisées activités de l'ombre ou opaques.

risques, au niveau micro- comme macro-économique. Espérons que nous pourrons trouver un juste équilibre dans la régulation de ces innovations, en favorisant la séparation entre le bon grain et l'ivraie !

Chapitre 5

Shadow banking : les nouvelles pratiques de titrisation

Dominique Chesneau

Tenue pour responsable de la crise financière de 2008, la titrisation a fait l'objet d'une remise en question de l'ensemble de la réglementation financière aux États-Unis et en Europe visant à renforcer la solidité des acteurs et conduisant en Europe à une réduction de la distribution de crédit liée à une réglementation pénalisante à cet égard, même si elle est nécessaire. Aussi, au-delà des politiques monétaires plus ou moins expansionnistes menées par les principales banques centrales et de leur niveau variable d'efficacité, est-il opportun de redévelopper de façon ordonnée le financement désintermédié (*via* un *shadow banking* surveillé) des créances commerciales ?

Le qualificatif de « toxique » attribué parfois à la titrisation durant la crise tient plus à la façon d'utiliser cet outil de refinancement qu'à l'outil en tant que tel. Les failles de la titrisation pendant la crise sont principalement apparues sur des structures complexes (telles les « re-titrisations ») ou des stratégies d'arbitrage du type *originate to distribute* ayant titrisé des actifs de mauvaise qualité. Or ces pratiques n'ont que marginalement concerné les titrisations européennes. En effet, le niveau réel de pertes des sous-jacents de produits titrisés en Europe s'est finalement avéré modéré depuis 2008 : les niveaux d'impayés sur les actifs titrisés dans l'immobilier en 2007 n'ont pas dépassé les 5 % dans un pays durement touché comme l'Espagne, tandis qu'ils atteignaient près de 25 % aux États-Unis en 2008. L'encours de produits titrisés européens se concentre majoritairement en 2013 sur des sous-jacents de bonne qualité ou faisant l'objet de garanties étatiques : les prêts immobiliers aux ménages belges, néerlandais, allemands et britanniques (38 %), auxquels il convient d'ajouter les divers prêts à la consommation ou liés à l'acquisition d'une automobile (14 % environ). La proportion d'encours de prêts aux PME est demeurée stable durant la période 2008-2013 (7-9 %), les montants absolus suivant la même courbe décroissante que l'ensemble.

Les entreprises françaises sont largement endettées mais le flux de crédits nouveaux se tarit, essentiellement faute de demande. De plus, actuellement, la demande de financement est limitée en raison de la faiblesse de l'activité économique et globalement satisfaite, mais lorsque cette demande augmentera à nouveau avec le cycle économique qui ne manquera pas de se retourner, et dans les nouveaux contextes réglementaire et institutionnel, le secteur bancaire peinerait à accompagner une reprise de la demande de crédit : cela signifie qu'on doit se préparer à activer des canaux alternatifs de financement de marché, en particulier la titrisation.

Les ratios de liquidité vont donc être « mordants » et ce, d'autant plus que la situation actuelle est améliorée par les modalités de conduite de la politique monétaire. Le système d'allocation de la liquidité en *fixed-rate full allotment* et les deux opérations à trois ans, conduites il y a un peu plus d'un an, se traduisent par un important excédent de liquidité qui améliore singulièrement le ratio LCR (et le ratio long NFSR), puisque les ressources sont à plus de 30 jours (et à plus d'un an) et que les excédents de liquidité constituent des actifs liquides pour ceux qui les détiennent. Mais les opérations à trois ans tomberont mécaniquement en 2015 et on ne peut fonder une politique sur le maintien permanent du mécanisme d'allocation illimitée de liquidité ni sur le TLTRO dont on a vu les limites au quatrième trimestre 2014 avec une demande inférieure de moitié à l'offre, même si l'opération de TLTRO du 1er trimestre 2015 a été mieux accueillie, ni sur le QE (1 600 Md€ de mars 2015 à septembre 2016) qui est nécessaire mais pas suffisant pour connaître une reprise durable en Europe.

Face à des financements alternatifs qui n'ont pas de vocation pérenne, face à des réglementations prudentielles contraignantes durables (bien qu'en cours d'aménagement envers les crédits à destination des ETI/PME), et face à la concurrence d'un modèle bancaire américain agressif, les établissements financiers européens doivent se redéployer – à marche forcée – et l'on constate une *accélération de la désintermédiation en Europe* : 40 % des financements pourraient provenir à terme de sources non bancaires et alternatives (contre 24 % à ce jour)[1].

Les autorités économiques et monétaires européennes ont décidé de « tout » faire pour soutenir l'économie de la zone. Ainsi que l'a indiqué en substance Mario Draghi lors de ses conférences de presse mensuelles depuis octobre 2014, « il convient de faire de la place » dans les bilans des institutions financières afin de les encourager à prêter aux entreprises intermédiaires et aux petites et moyennes entreprises (PME) qui n'ont pas directement accès aux marchés financiers de dette. C'est ainsi qu'a

---

1. *Source* : Paris Europlace, Rapport 2014.

été annoncé un plan de grande ampleur, l'Asset-Backed Securities Purchase Programme (ABSPP) alors que l'encours d'ABS en zone euro est de 250 Md€.

La réussite de ce programme passe par une résurrection de la titrisation en Europe dont les conditions du succès sont documentées par la BCE et BoE.

Environnements économique et réglementaire

Données de marché

La taille totale du marché de la titrisation en Europe à la fin 2013 représente environ le quart de celui de son homologue américain. En effet, le montant des émissions de dette titrisée et autres programmes « garantis » du type *covered bonds* est passé de 711 Md€ en 2008 à 181 Md€ en 2013 pour des encours aux États-Unis, respectivement, de 934 Md€ et… 1 300 Md€.

Il existe des différences notables entre marchés intra-européens. Celui du Royaume-Uni est le plus important avec un encours de 444 Md€ suivi des Pays-Bas (281 Md€), de l'Italie (185 Md€) et de l'Espagne (178 Md€).

Par type de supports, l'hétérogénéité est également la règle selon les chiffres du premier semestre 2014 : 20 Md€ d'ABS, 70 Md€, en créances immobilières (RMBS), 18 Md€ en prêts à des PME et 3 Md€ pour des obligations collatéralisées (CDO). 59 % de ce volume relève des créances hypothécaires et 8 % de créances commerciales.

Le secteur bancaire indique que les réglementations prudentielles applicables depuis quelques mois et le niveau de fonds propres des banques européennes ne leur permettront de financer qu'une croissance de 1 %. La reprise durable de l'activité de titrisation en Europe dépend néanmoins du retour de la confiance des investisseurs, qui devra s'appuyer sur une plus grande standardisation et une nécessaire transparence des produits, de pair avec le maintien d'une sélectivité accrue des sous-jacents de la part des émetteurs.

En France, les crédits constituent l'essentiel des actifs cédés. Fin juin 2013, les crédits titrisés représentent 78,3 % du total de l'actif des véhicules de titrisation français, contre 80,6 % à la fin juin 2012. Ces crédits sont, pour l'essentiel, cédés par des établissements de crédit de la zone euro (70 % de l'actif à fin juin 2013), la part provenant d'établissements de crédit du reste du monde étant proche de 7 % et quand les cessions d'autres secteurs de la zone euro sont marginales (1,7 % au total pour les sociétés non financières, les autres intermédiaires financiers et les sociétés d'assurances).

Cette prépondérance des crédits bancaires renvoie aux conditions historiques de mise en place de la titrisation en France en 1988, puisque seuls les crédits bancaires d'échéance supérieure à deux ans pouvaient faire l'objet d'une titrisation. L'évolution de la réglementation relative à la nature et à la durée des créances cessibles s'est traduite par l'extension des opérations de titrisation aux crédits bancaires de plus courte durée (crédits à la consommation, créances interbancaires) ainsi qu'aux créances matérialisées par des titres émis par les véhicules de titrisation (« retitrisation ») qui représentent environ la moitié de l'encours à fin juin 2013 du total des titres de créance détenus (9,6 %), aux effets de commerce (7,6 %), et autres.

Contexte réglementaire

Le Forum de stabilité financière

Le Forum de stabilité financière a été créé pour coordonner les réponses réglementaires à la crise financière de 2008. En août 2013, il a publié des recommandations sur la réglementation et la supervision du *shadow banking* qui sont organisées selon cinq thèmes :

- les interactions entre les banques et les entités de *shadow banking* ;
- les risques systémiques liés aux fonds monétaires à valeur liquidative constante ;
- la réglementation des entités de *shadow banking* telles que les *hedge funds* ;
- l'évaluation des textes sur la titrisation ;
- la revue des opérations de prêts de titres et de *repos*.

Les entités de *shadow banking* ont été regroupées de la façon suivante :

- les *credit investment funds* ;
- les *exchange-traded funds* (ETF) ;
- les *credit hedge funds* ;
- les *private equity funds* ;
- les sociétés de « garantie » de crédit ;
- les trusts ;
- les conduits de titrisation.

À la fin de l'année 2014, le président de la Banque centrale européenne a fait part d'initiatives visant à doper l'allocation de crédit aux entreprises par les banques de la zone euro. Il s'agit principalement du TLTRO dont le succès a été inférieur aux attentes en 2014, de la prise en pension, voire du rachat, d'*asset-backed securities* et de *covered bonds* (voir opération du 1ᵉʳ trimestre 2015).

De son côté, la place de Paris promeut ses nouveaux *Euro Secured Notes* (ESN). La création de ces titres est le résultat de deux ans de travaux, emmenés par la Banque de France. À travers un véhicule commun, cinq banques (BNP Paribas, Groupe BPCE, Groupe Crédit Agricole, HSBC France et Société Générale) ont titrisé une partie des créances privées qu'elles détiennent, notamment auprès des PME. La première émission a eu lieu en avril 2014, pour un total de 2,65 Md€. « Grâce à ce véhicule commun, les banques bénéficient d'une solution clé en main, d'une structure de coûts mutualisée et d'une visibilité accrue. » Mais c'est sur la question de l'éligibilité des ESN au refinancement en banque centrale que le bât blesse car les investisseurs ne veulent pas se retrouver « collés » avec ces nouveaux titres. Or, côté BCE, les négociations achoppent sur… l'existence réelle d'un marché pour ces ESN.

La titrisation sous le régime actuel de « Bâle 2.5 et Bâle 3 » et de CRD 3 et 4

La crise des *subprimes* déclenchée en 2007 a amené à réviser en profondeur le cadre des opérations de titrisation de Bâle II. Le Comité de Bâle a ainsi adopté en juillet 2009 une série de mesures spécifiques, contenues dans le document *Enhancements to the Basel II Framework* formant avec *Revisions to the Basel II Market Risk Framework* le cadre Bâle 2.5 entré en vigueur le 31 décembre 2011.

Les nouvelles mesures imposent notamment depuis le 1er janvier 2015 :

- un taux de rétention de 5 % des actifs titrisés par les banques originatrices pour les titrisations ayant lieu après le 1er janvier 2011 ;

- une pondération forte sur les fonds propres des titrisations garanties (rehaussement de crédit) et des lignes de liquidité ;
- des coefficients de pondération relevés sur les produits « retitrisés ».

Ce nouveau cadre réglementaire a été transposé dans le droit européen à travers les directives CRD 3 et CRD 4.

LES PRODUITS

La titrisation

La titrisation est un montage financier qui permet à une société d'améliorer la liquidité de son bilan et, dans certains cas, de son profil de risque de crédit. Techniquement, des actifs sélectionnés en fonction de la qualité de leurs garanties sont regroupés dans une société *ad hoc* qui en fait l'acquisition en se finançant par l'émission de titres souscrits par des investisseurs. L'entité ainsi créée perçoit les flux d'intérêts et de remboursements sur les créances qu'elle a achetées aux banques et les reverse aux investisseurs *via* le paiement d'intérêts et le remboursement de leurs titres. Initialement cette technique a été utilisée par les établissements de crédit dans le but de refinancer une partie de leurs encours, c'est-à-dire de transformer en titres négociables des prêts à la clientèle. Actuellement, les spécialistes proposent à certains grands groupes industriels de titriser des créances commerciales de façon récurrente, de titriser des immeubles d'exploitation, des stocks… C'est-à-dire de rendre liquide une part croissante de leur bilan (source : Vernimmen).

Le mécanisme de la titrisation de créances commerciales

Ce mécanisme comporte cinq phases :

- facturation et livraison d'un produit ou d'un service de l'entreprise A vers l'entreprise B ;

- cession de la créance commerciale sur une plateforme ;

- financement de la créance commerciale cédée ;

- assurance-crédit ou participation en risque de crédit (pourcentage de la créance non cédée au conduit) et recouvrement ;

- paiement de la créance commerciale par l'entreprise B.

Les avantages de la titrisation de créances commerciales

Une source de financement complémentaire pour les entreprises

La technique de titrisation permet de faciliter l'accès des PME aux marchés de capitaux et à des pools d'investissement plus larges en créant un marché secondaire, liquide et transparent de titres des créances émis par les sociétés non financières (SNF).

Les SNF l'utilisent comme source de refinancement complémentaire à l'escompte et à l'affacturage en cédant leurs créances commerciales à des véhicules de titrisation. L'encours des créances commerciales cédées par les SNF s'établissait au 30 juin 2013 à plus de 10 Md€.

Une dernière étude de la Banque de France souligne que, pour se refinancer, les PME françaises ont de plus en plus recours à des montages financiers utilisant la technique de titrisation dans l'objectif de regrouper les créances de plusieurs entreprises et leur permettre ainsi de bénéficier d'économies d'échelle. Ces montages auraient représenté plus de 5 Md€ en juin 2013.

Un instrument de diversification des risques pour les investisseurs

Les titres émis par les véhicules de titrisation peuvent intéresser différentes catégories d'investisseurs, qu'il s'agisse d'investisseurs professionnels (placements privés) ou non professionnels (offres publiques) ayant des objectifs de placement variés. La grande souplesse que présente la titrisation offre aux investisseurs des expositions à des classes d'actifs très différentes.

S'agissant plus particulièrement de la titrisation de créances commerciales, dont la maturité est courte, elle offrirait, en outre, aux investisseurs dans des OPCVM monétaires l'opportunité d'un meilleur rendement, dans un contexte de taux d'intérêt très bas, à condition bien sûr que les créances titrisées soient réglementairement éligibles dans ce cadre. À noter que dans une communication datant du 27 mars 2014 portant sur le financement long de l'économie européenne, la Commission européenne propose notamment de relancer le marché des produits titrisés. À cet égard, elle précise que ce marché, dans la mesure où il est soumis à un encadrement efficace, a le potentiel de débloquer des sources de financements supplémentaires pour l'économie réelle. Dans la continuité de cette communication, un groupe de travail a été créé sur cette question en étroite coopération avec l'industrie financière dont l'objectif est d'élaborer de nouveaux standards ainsi que de permettre une meilleure identification des risques. Il est *a priori* orienté vers la titrisation de prêts bancaires.

Le fonds Novo (fonds de prêts directs à l'économie)

La réforme du Code des assurances du 2 août 2013 a élargi la liste des actifs dans lesquels les entreprises d'assurances peuvent investir en représentation de leurs provisions techniques en introduisant un nouveau type de fonds de titrisation : les fonds de prêts à l'économie. Ils remplacent les fonds communs de titrisation de partenariat public-privé (FCT-PPP) introduits par le décret n° 2011-1 du 31 octobre 2011 modifiant les règles de représentation des engagements réglementés des organismes d'assurances.

Les actifs dans lesquels ces fonds de titrisation peuvent investir sont précisés à l'article R. 332-14-2 du Code des assurances.

Le décret qui élargit aux mutuelles relevant du Code de la Sécurité sociale et du code de la mutualité l'investissement dans les prêts à l'économie a été publié au *Journal officiel* du 17 décembre 2014. Le décret élargit également le champ des créances admissibles à l'actif des fonds de prêts à l'économie, en y ajoutant les créances sur les États membres de l'Union européenne, sur les entreprises individuelles, sur les holdings localisées dans les pays de l'Union européenne, sur les personnes morales ayant pour objet de financer, au bénéfice d'une partie européenne, la fabrication, l'acquisition, l'exploitation de biens d'équipement ou d'infrastructure, et enfin les créances sur les organismes de placement collectif immobilier (OPCI).

Le passif des fonds de prêts à l'économie peut être composé d'obligations, de parts ou d'actions, émises en euros dès lors que le risque de crédit associé à la détention de ces titres n'est pas subdivisé en tranches. Les premiers fonds de prêts à l'économie (fonds Novo) ont un actif global de

1 015 Md€ (à mi-2014) composé d'obligations à taux fixe (4 % à 6 % aux conditions de marché d'aujourd'hui), sur des durées de cinq à sept ans, remboursables *in fine*.

Des critères de diversification imposent que le portefeuille ne puisse être investi à plus de 10 % dans une même entreprise et à plus de 20 % dans un même secteur d'activité. La durée d'investissement doit s'étaler sur deux ans avec une durée de vie pour les fonds fixée à dix ans.

Les organismes de titrisation selon la directive AIFM

Depuis le 22 juillet 2013 et la transposition en droit français de la directive 2011/61/UE du Parlement européen et du Conseil du 8 juin 2011 sur les gestionnaires de fonds d'investissement alternatifs (directive AIFM), les organismes de titrisation deviennent par la directive des fonds d'investissement alternatifs (FIA), sauf exceptions prévues.

Les FIA relevant de la directive 2011/61/UE du 8 juin 2011 sont ceux qui respectent les deux conditions cumulatives suivantes :

- lever des capitaux auprès d'un certain nombre d'investisseurs en vue de les investir, conformément à une politique d'investissement définie, dans l'intérêt de ces investisseurs ;

- ne pas être des OPCVM conformes à la directive 2009/65/CE (directive OPCVM/UCITS IV).

Les sociétés de gestion gérant des organismes de titrisation dont les actifs sont supérieurs à 0,1 Md€ (avec effet de levier) ou des actifs supérieurs à 0,5 Md€ devront se conformer aux obligations suivantes, en plus de celles édictées par la directive AIFM :

- des exigences en matière d'intérêt retenu par l'initiateur, le préteur initial ou le sponsor (5 %) ;

- des exigences qualitatives relatives aux sponsors ou initiateurs (accès aux informations, suivi des risques, diversification des portefeuilles, existence d'une politique de gestion du risque de crédit fixant des limites) ;

- une obligation pour la société de gestion d'avoir une expertise en analyse de crédit et d'effectuer des *stress tests* réguliers sur les positions de crédit, ce qui pose la question de l'accès au fichier FIBEN d'acteurs non bancaires !

Les véhicules de titrisation en France

Au 30 juin 2013, on dénombre 234 véhicules de titrisation contre 194 un an plus tôt. Les nouveaux véhicules créés sont essentiellement des fonds communs de titrisation (FCT).

Créés par l'ordonnance du 13 juin 2008 et le décret d'application du 17 juillet 2008 qui ont réformé le cadre juridique antérieur, les organismes de titrisation peuvent se présenter sous deux formes : ils sont soit constitués en société de titrisation dotée de la personnalité morale, soit gérés en copropriété au sein d'un FCT. Ce dernier statut, très majoritaire en France, a succédé au FCC, le 22 juillet 2014, depuis la transposition en droit interne de la directive sur les gestionnaires de fonds d'investissement alternatifs (en anglais : *alternative investment fund manager* – AIFM).

Dans l'un et l'autre cas, les organismes de titrisation sont gérés par une société de gestion de portefeuille agréée à cet effet. Les titres émis par ces organismes peuvent faire l'objet d'une offre publique ou d'une admission aux négociations sur un marché réglementé ou sur un système multilatéral de négociation.

Les véhicules de titrisation comprennent également les conduits d'ABBT qui sont constitués sous forme de société anonyme de droit commun dont l'objet est d'investir dans des opérations de titrisation. Les conduits bénéficient le plus souvent du soutien d'une grande institution bancaire sous la forme d'une ligne de liquidité pouvant être utilisée en cas de besoin de trésorerie, celle-ci étant supposée couvrir le risque de liquidité mais non le risque de crédit.

Les *asset-backed securities*

À fin juin 2013, les crédits aux résidents titrisés (144,7 Md€) concernent à 77,9 % le marché hypothécaire, essentiellement pour le financement de l'habitat (*residential mortgage-backed securities* – RMBS – pour 76,4 %) et de façon résiduelle l'immobilier commercial (*commercial mortgage-backed securities* – CMBS). Les *asset-backed securities*, qui constituent 13,3 % du total (19,1 Md€), refinancent différents types de créances : crédits à la consommation, crédits automobiles et prêts aux entreprises (hors créances commerciales). Les autres crédits titrisés bénéficiant à des contreparties résidentes comprennent les prêts aux collectivités locales (0,9 %, soit 1,3 Md€) ou encore aux PME (*collateralized loan obligations* – CLO). Les titrisations réalisées en France contribuent ainsi principalement au refinancement de créances sur les ménages et les sociétés non financières résidents.

Les crédits accordés à des ménages résidents représentent, au 30 juin 2013, 59,2 % du total de l'actif des véhicules de titrisation de droit français et 75,4 % des crédits cédés par les IFM.

L'encours des crédits aux ménages titrisés a légèrement diminué entre juin 2012 et juin 2013, passant de 134,4 Md€ à 127,6 Md€. Cette baisse reflète principalement le remboursement de certains montages créés au second semestre 2011 à des fins de refinancement bancaire dans le contexte du resserrement des conditions de liquidité du marché constaté à cette période.

En revanche, on observe une hausse des crédits à la consommation titrisés, passés de 7,1 Md€ fin juin 2012 à 10,8 Md€ fin juin 2013, soit 8,5 % du total des crédits aux ménages.

Les sociétés non financières (SNF) utilisent la titrisation comme source de refinancement complémentaire à l'escompte et à l'affacturage en cédant leurs créances commerciales à des véhicules de titrisation.

L'encours des créances commerciales ainsi cédées par les SNF est passé de 11,2 Md€ au 30 juin 2012 à 12,3 Md€ fin 2012, avant de revenir à 10,9 Md€ au 30 juin 2013.

Pour se refinancer, les PME ont de plus en plus recours à des montages de type *collateralized debt obligations* (CLO) qui regroupent en pools la titrisation de créances de plusieurs entreprises et permettent ainsi à celles-ci de bénéficier d'économies d'échelle. Les montages CLO sont passés de 0,5 Md€ à fin 2009 à 5 Md€ au 30 juin 2013.

L'affacturage et les créances commerciales

La crise financière et les exigences réglementaires (Bâle III) accroissent l'aversion au risque. Les banques ne pourront assurer seules le financement de l'économie, or ces besoins non satisfaits devraient atteindre 6 200 Md€.

Le crédit inter-entreprises est la première source de financement court terme des entreprises… 600 Md€[1].

La démocratisation de l'affacturage

En parallèle, avec 38 000 entreprises et un taux de croissance de 13 % en 2011 et de 6,8 % sur 2012, l'affacturage se démocratise pour un encours financé en 2013 de 200 Md€.

Une solution au potentiel inexploité

Seules 3 % des PME ont fait appel à l'affacturage en 2012, alors que le potentiel d'entreprises éligibles est compris entre 6 % et 10 %, soit de 38 000 PME (actuel) à 100 000 PME (potentiel)[2].

Un niveau de liquidités disponibles historiquement élevé

Les liquidités détenues par des entreprises non financières en France sont en croissance continue pour atteindre fin 2013 un montant record de 181 Md€, soit 1/5 environ du montant annuel du crédit inter-entreprises (650 Md€).

Des rendements à court terme historiquement faibles

Les outils de placement bancaire à court terme, en grande partie corrélés à l'Euribor 3 mois ou l'Eonia, ont vu leurs

---

1. *Source : Le Crédit inter-entreprises et la couverture du poste clients*, Rapport IGF, 2013.
2. *Source : Volume des encours affacturés en 2013*, Finyear, 2014.

rendements s'écrouler depuis le début de la crise financière pour atteindre des planchers historiques. Se pose même depuis la fin de l'année 2014 le point des dépôts à taux négatif auprès de la BCE et de la rémunération négative des bons du Trésor français à court terme.

Les trésoriers de banque et d'entreprises doivent rechercher des placements rémunérateurs sous contrainte stricte de risques.

Les créances commerciales peuvent constituer un élément de réponse, soit directement soit *via* des parts de fonds de commun de créances. La loi « Macron » prévoit enfin d'autoriser les entreprises à financer leurs fournisseurs et sous-traitants ; possibilité de placer de la trésorerie avec un niveau raisonnable de sécurité…

DÉVELOPPEMENTS À VENIR : LES DIFFÉRENTES INITIATIVES DESTINÉES À RELANCER LA TITRISATION

Dans un contexte économique déprimé, la titrisation est apparue à certains acteurs comme une possible solution aux difficultés du système bancaire à trouver des sources de refinancement bancaire et une réponse à la pénurie des titres pouvant servir de garantie. Les principales initiatives visant à relancer l'activité de la titrisation ont en commun d'insister sur la nécessité pour les originateurs de retrouver la confiance des investisseurs en émettant des titres simples, transparents et standardisés. Ces initiatives visent autant à créer des titres, qui seront ensuite utilisés comme garanties − sous conditions − pour d'autres transactions financières, qu'à faciliter plus directement le financement de l'économie (ménages, petites et moyennes entreprises) en « désenclavant » les marchés nationaux européens. On peut à cet égard distinguer les initiatives publiques, aux niveaux national et européen, et les initiatives de nature privée émanant d'associations professionnelles ou d'acteurs du marché.

Les principales initiatives publiques

Les autorités européennes

La BCE travaille sur un dispositif d'aide au financement des PME, en partenariat avec la Banque européenne d'investissement, qui pourrait acheter directement les sous-jacents ou les garantir (en tant que rehausseur de crédit) ; ce dispositif constituerait une amplification des mesures d'ouverture d'opérations de refinancement aux titres adossés à des prêts aux PME mises en place depuis 2012 par la BCE et sept banques centrales de l'Eurosystème.

Parallèlement au programme TLTRO du quatrième trimestre 2014 et à celui du 1er trimestre 2015 à destination des ETI/PME (*cf. supra*), la Banque centrale européenne a mis en place en novembre 2014 un programme de rachat d'ABS « simples, réels et transparents » pour faciliter le financement des PME en Europe. La Banque centrale européenne a ainsi mandaté les sociétés de gestion Amundi (filiale du Crédit Agricole), ING IM, Deutsche Asset & Wealth Management International (filiale de Deutsche Bank) et State Street Global Advisors. Les quatre gérants ont pour tâche de réaliser les opérations sur les ABS éligibles sur instruction explicite de, et pour le compte de, l'Eurosystème. À la date de rédaction de l'ouvrage (octobre 2014) les modalités précises de ce programme devaient encore être fixées par la publication d'un acte délégué.

Dans le même temps, la BCE a concrètement assoupli ses critères de prise en compte du collatéral en garantie de ses opérations de refinancement, cet assouplissement étant assorti d'une obligation de documentation. Le message du président de la BCE plaide clairement en faveur d'un assouplissement des règles prudentielles applicables à la titrisation à niveau de « risques, de notations et de maturité » comparables à d'autres types de titres.

En janvier 2013, l'Autorité bancaire européenne et le Comité de Bâle se sont accordés sur l'admission sous conditions des RMBS au numérateur du ratio de liquidité à court terme (*liquidity coverage ratio*) mis en place en 2014, offrant ainsi un débouché potentiel important aux titrisations d'actifs immobiliers résidentiels.

Les autorités nationales

Les initiatives néerlandaises

En septembre 2013, les Pays-Bas ont créé une banque hypothécaire (l'Agence nationale de garantie hypothécaire ou National Hypotheek Instelling) qui émettra, *via* un véhicule de titrisation, des obligations hypothécaires garanties par la NHG (Nationale Hypotheek Garantie, la garantie d'État), pour un montant d'environ 50 Md€. Les prêts immobiliers sous-jacents étant déjà garantis par la NHG, cette double sécurité vise également à soutenir un marché immobilier néerlandais déprimé. La NHG a par ailleurs annoncé un renforcement et une simplification de ses critères de garantie pour le 1er janvier 2014.

Les Euro Secured Notes de la Banque de France et de la place de Paris

La Banque de France a soutenu et conduit la mise en œuvre, en avril 2014, d'un véhicule de titrisation de place baptisé ESNI (pour Euro Secured Notes Issues), avec pour objectif l'augmentation du collatéral disponible auprès de la BCE et l'accueil de nouveaux investisseurs institutionnels au-delà des assureurs. Le véhicule est porté par de grands établissements de la place, qui disposent chacun d'un compartiment dédié au sein de la structure. L'ESNI opère *via* l'émission de titres non « tranchés » (pour faciliter une lecture transparente de leur contenu), avec une documentation standardisée et comme sous-jacents les seules créances acceptées par l'Eurosystème. La Banque de France, qui coordonne le dispositif, pourrait noter elle-même les prochains titres émis (l'existence de cette structure devrait permettre une plus grande indépendance des opérations de titrisation vis-à-vis des agences de notation dans la mesure où les créances sous-jacentes correspondent à des contreparties cotées par la Banque de France agissant en tant qu'organisme externe d'évaluation du crédit).

Juridiquement, le véhicule de place a pris la forme d'une société anonyme de titrisation disposant d'un compartiment dédié par établissement bancaire, qui émet des obligations, lesquelles peuvent être échangées sur un marché soit réglementé, soit de gré à gré. Les actifs servant de collatéral aux premières émissions sont des crédits aux entreprises d'une maturité allant jusqu'à trois ans. Les crédits aux PME sont particulièrement visés, afin de favoriser la transmission de la politique monétaire à la sphère de l'économie réelle. Dans le cadre de ces premières émissions, les créances sont conservées au bilan des établissements et les titres émis ne sont pas éligibles – à la date de rédaction de cet ouvrage – au refinancement par la Banque centrale européenne.

L'ensemble des créances éligibles dans le cadre permanent aux opérations de refinancement auprès de l'Eurosystème *via* la Banque de France peuvent faire l'objet de l'opération de titrisation. Les critères d'éligibilité des créances sont définis par la décision du gouverneur 2010-04 accessible sur le site de la Banque de France. Plus spécifiquement, les créances pouvant faire l'objet de l'opération de titrisation ne seront pas soumises à un seuil de mobilisation, c'est-à-dire que les créances représentant un montant inférieur à 500 k€ seront acceptées sans discrimination. Les créances remises en garantie de l'émission des titres pourront faire l'objet d'un rechargement bihebdomadaire, permettant ainsi aux banques cédantes de « recharger » le programme avec des créances présentant une maturité brève. Les créances seront transférées en pleine propriété à titre de garantie des prêts collatéralisés cédés à la SAT. Concernant les créances *originées* en dehors de France, leur remise à titre de garantie peut être réalisée dans le cadre du véhicule de place dans les conditions définies par la décision du gouverneur (*cf. supra*).

Le projet de titrisation des créances privées a été conçu en visant l'ensemble des établissements actuellement reconnus comme contreparties aux opérations de politique monétaire de l'Eurosystème se refinançant auprès de la Banque de France, ainsi que l'ensemble des établissements éligibles au statut de contrepartie aux opérations de politique monétaire, au regard de leur statut et des critères d'éligibilité de l'Eurosystème définis dans la décision du gouverneur (*cf. supra*).

Le dispositif fait actuellement l'objet (en octobre 2014) d'une analyse par l'Eurosystème, qui vise à déterminer si les titres résultant de l'opération de titrisation peuvent devenir éligibles et mobilisables comme collatéral aux opérations de refinancement de l'Eurosystème. En particulier, l'évaluation actuellement réalisée prend en considération le fait que les créances sous-jacentes sont d'ores et déjà éligibles comme garantie des opérations de crédit de l'Eurosystème et sont largement utilisées en tant que telles par l'Eurosystème et ses contreparties. L'évaluation de l'Eurosystème prend également en considération le fait que la qualité de crédit de l'instrument est évaluée par transparence, soit en évaluant la qualité de crédit du portefeuille de créances sous-jacentes comme si ces dernières étaient directement remises en garanties des opérations de l'Eurosystème.

À travers un véhicule commun, cinq banques (BNP Paribas, Groupe BPCE, Groupe Crédit Agricole, HSBC France et Société Générale) ont titrisé une partie des créances privées qu'elles détiennent, notamment auprès de PME. La première émission a eu lieu en avril 2014, pour un total de 2,65 Md€. Grâce à ce véhicule commun, les banques bénéficient d'une solution clé en main, d'une structure de coûts mutualisée et d'une visibilité accrue. Il faut désormais créer un marché pour ces ESN avec accès au refinancement par la Banque centrale… Il s'agit en particulier d'expliquer cette démarche innovante de titrisation qui n'a pas recours à des notations d'agences mais repose sur les évaluations propres de la Banque de France et les modèles internes des établissements émetteurs.

Les principales initiatives privées

Le label européen PCS

Fin 2012, l'association professionnelle Prime Collateralised Securities Europe a lancé le standard éponyme pour promouvoir une titrisation simple et transparente auprès des investisseurs potentiels. Seules les classes d'actifs ayant montré continûment de bonnes performances (en termes de défaut) et destinées au financement de l'économie y sont éligibles. Les prêts « retitrisés » et les CMBS en sont donc exclus. D'après les chiffres disponibles, à fin 2012, sur un encours d'ABS européens d'environ 1 700 Md€, environ 950 Md€ seraient théoriquement éligibles à la labellisation, soit un peu moins de 57 %. Son utilisation n'a pas, pour autant, entraîné un véritable décollage sur l'activité des différents compartiments du marché européen jusqu'ici. Selon ses promoteurs, le label a pour but d'attirer de nouveaux investisseurs et d'encourager, mais à terme, l'utilisation de la titrisation.

Pour donner un ordre de grandeur, les encours cumulés de RMBS et d'obligations sécurisées émis en France totalisaient environ 230 Md€ fin 2012, et les prêts immobiliers accordés par le secteur bancaire, environ 800 Md€ (sources ECBC, FINREP). Ces montants représentent un sixième environ de l'encours de prêts titrisés par des véhicules financiers (FVC) néerlandais déclarés à la BCE au 30 septembre 2013.

Fin mai 2014, l'organisme PCS a publiquement envisagé une évolution de ses règles de labellisation à la suite de l'opération de titrisation de prêts immobiliers aux particuliers lancée le 16 mai par le Crédit Foncier de France (CFF). De son côté, le CREFC (Commercial Real Estate Finance Council) Europe a créé son propre label sur les CMBS (immobilier commercial) en novembre 2012.

La création d'indicateurs de marché

L'agence de notation Fitch a créé courant 2013 deux indicateurs de marché devant permettre, selon elle, de faciliter la comparaison entre risques : un équivalent de la perte attendue sur les portefeuilles sous-jacents (hors prise en compte des mécanismes de garantie) et un ratio mesurant le degré de couverture des pertes attendues par les protections sur le portefeuille.

Le projet RESTART

Lancé dans le domaine de l'immobilier résidentiel par l'American Securitisation Forum en février 2008, le projet RESTART (pour Residential Securitization Transparency and Reporting) a pour objectif d'« améliorer le processus de titrisation en mettant au point et en valorisant des techniques et processus standardisés acceptés et utilisés par tous dans les domaines de la transparence, de l'exécution des paiements et de la gestion du risque. Il permettra une meilleure répartition des risques entre émetteurs et investisseurs en fournissant à ceux-ci une protection accrue en comparaison de ce qui existait avant la crise [de 2007] ».

L'idée conductrice du projet est de collecter auprès des émetteurs nord-américains des informations sur les sous-jacents des titres émis et de mettre à disposition des agences de notation une base de données en amont du processus.

Options politiques

Ce gisement d'actifs de bonne qualité doit être mieux exploité et rendu plus liquide. La place de Paris mène une réflexion sur la mise en œuvre d'un dispositif qui permettrait aux banques, *via* un véhicule de titrisation, de loger certaines de leurs créances privées au sein d'un instrument mobilisable dans les transactions de pensions bilatérales et auprès de l'Eurosystème. Les sous-jacents envisagés seraient exclusivement des prêts aux sociétés non financières afin d'exclure toute « cannibalisation » du marché des ABS, dont les sous-jacents sont majoritairement des prêts aux ménages. La Banque de France serait partie prenante du dispositif puisqu'elle évaluerait les sous-jacents et pourrait noter les titres – des obligations non tranchées – émis par les structures de titrisation.

La Banque de France a simultanément entrepris des démarches auprès de l'Eurosystème afin de faire accepter de façon pérenne ce mécanisme qui s'apparente à un véhicule de titrisation de place et d'en promouvoir l'utilisation dans les autres pays de la zone euro. En effet, les gisements de créances privées sont aujourd'hui sous-exploités dans de nombreux pays de la zone euro pour des raisons juridiques ou opérationnelles.

Cette démarche s'inscrit, en outre, dans une volonté plus large de rendre plus liquides les prêts présents dans les bilans des banques. Ainsi, en parallèle, la Banque de France a initié une réflexion sur la possibilité d'assigner à chaque ligne de prêts, à l'instar de ce qui est pratiqué pour les titres négociables, l'équivalent d'un code ISIN. L'avantage d'un tel système serait double : il rendrait beaucoup plus simples la manipulation et la mobilisation des créances privées, notamment dans le cadre d'opérations de *repos* bilatérales ou tripartites ; il réduirait le risque d'une double mobilisation comme collatéral des prêts.

Une uniformisation du reporting

L'IASB a engagé plusieurs chantiers de réforme de normes comptables internationales. Les nouvelles normes impactant le traitement comptable des opérations de titrisation chez l'initiateur sont IFRS 9 (Instruments financiers), IFRS 10 (États financiers consolidés), IFRS 12 (Informations sur les intérêts détenus dans d'autres entités), IFRS 13 (Évaluation de juste valeur) et l'amendement à IFRS 7 (Transfert d'actifs financiers – informations à fournir).

En outre, certaines évolutions de la réglementation prudentielle (règlement européen dit « CRR » notamment et « BCBS 239 » édicté par la Banque des règlements internationaux) affectent également le traitement comptable des titrisations chez l'initiateur. Il convient donc de poursuivre le chantier d'uniformisation entre les *reportings* comptables et prudentiels.

Initiatives BCE, CE, BOE

Le taux d'amortissement moyen des titrisations émises en Europe depuis 2000 est de 20 %, ce qui signifie qu'en moyenne, les titres émis une année donnée (millésime) seront parvenus à maturité au bout de cinq ans. Sur cette base, et en extrapolant à partir de quatre scénarios possibles d'évolution du marché sur le Vieux Continent, on peut estimer grossièrement les volumes d'encours de la titrisation européenne à une échéance de six ans :

- **Scénario 1** : reconduction chaque année des volumes émis en 2012. Du fait de « l'inertie » des gros montants émis avant 2009 venant à échéance après 2012, ce scénario se traduit par une diminution des encours de 30 % environ sur la période.

- **Scénario 2** : diminution des émissions au rythme annuel de 5 %. C'est le scénario le plus pessimiste, qui se réalise sur l'année 2013. Selon ce scénario, l'encours calculé sur 2019 dépasserait à peine les 1 000 Md€, soit 40 % par rapport à 2012 et 55 % par rapport au pic de 2009.

- **Scénario 3** : augmentation conséquente des émissions (+ 20 % par an) sur la période. Cette estimation est modérée par rapport à la croissance enregistrée sur les années 2004-2008 (+ 40 % par an). Malgré la relativement mauvaise performance de l'année 2013, elle semble néanmoins encore constituer l'hypothèse la plus raisonnable pour les années à venir, en raison du faible niveau actuel des encours et des divers facteurs potentiels de croissance de la titrisation en Europe. Selon ce scénario, les volumes retrouveraient en 2018-2019 leur plus haut de 2009.

- **Scénario 4** : forte croissance des émissions (+ 30 % par an), en deçà néanmoins du taux de croissance de 2004-2008. Dans cette hypothèse, les volumes titrisés en Europe atteindraient leurs plus hauts dès 2016-2017, sans pour autant représenter une grande proportion des prêts à l'économie.

Partie 2

Les défis de la régulation du *shadow banking*

Chapitre 6

Le *shadow banking* : opportunité pour les opérateurs, défi pour les régulateurs

Christian de Boissieu

L'objet de ce chapitre est de souligner l'aspect dual du *shadow banking* (SB), appelé en français « finance parallèle ». Le SB répond à des contraintes et à des besoins auxquels sont confrontés un certain nombre d'opérateurs privés, qu'il s'agisse d'emprunteurs, d'investisseurs… On ne saurait ignorer cette fonction du SB, qui prospère sur les limitations que connaissent les banques classiques. Mais en même temps le SB, parce qu'il n'est pas régulé ou qu'il ne l'est que très partiellement, pose aux régulateurs, aux banques centrales, aux pouvoirs publics en général, de redoutables défis alors même que la prévention et la gestion des risques systémiques deviennent une préoccupation centrale à la lumière de la crise financière mondiale enclenchée en 2007-2008.

LES FAITS

On peut légitimement passer du temps sur la définition, par hypothèse compliquée, du SB, comme le fait l'étude du FMI (2014). Par souci de simplification, je retiens ici la version la plus courante : le SB correspond à des activités d'intermédiation financière, en particulier de financement et de crédit, effectuées par des opérateurs directement concurrents des banques mais qui ne sont pas soumis aux mêmes contraintes et réglementations que ces dernières. Ainsi entendu, le SB soulève tout de suite trois types de défis :

- Un problème d'information : faisant partie des « trous noirs » de la finance mondiale, le SB pose des difficultés au regard des exigences de transparence de l'information et de traçabilité des risques.

- Une source potentielle, mais mal connue à l'avance, de risques systémiques. Le SB ne dispose en la matière d'aucun monopole, puisque de nombreux problèmes systémiques sont venus il y a peu de banques régulées (exemple de la faillite de Lehman Brothers en septembre 2008).

- Puisque les opérateurs du SB concurrencent directement les banques sans avoir à respecter les mêmes contraintes réglementaires qu'elles, s'installent entre les uns et les autres des distorsions de concurrence, le contraire du *level playing field* tant recherché dans les débats réglementaires.

D'après les estimations du Conseil de stabilité financière (FSB pour Financial Stability Board), l'encours du SB dans le monde était, fin 2013, de 75 000 Md$, en progression de 7 % sur un an (encours de 70 000 Md$ fin 2012). Les grandeurs relatives sont encore plus parlantes : 75 000 Md$, cela représente 25 % des actifs financiers totaux, 50 % des actifs bancaires totaux et 120 % du PIB mondial annuel. Depuis quelques années, ces proportions n'ont pas bougé de façon significative.

Tous les pays, avancés, émergents ou en développement, sont concernés par le SB, mais dans des proportions différentes. Ainsi, en 2012, le SB ne représentait « que » 35 %

du PIB des pays émergents. Avec même, à l'intérieur de ce groupe de pays, des écarts significatifs. En Chine par exemple, le SB atteignait à fin 2013, d'après une estimation de l'Académie chinoise des sciences sociales, 50 % du PIB. La progression du SB y est rapide, conséquence logique de l'approfondissement financier de ces dernières années. La crainte est grande qu'une crise immobilière en Chine, probable dans les deux à trois ans qui viennent compte tenu de la formation d'une bulle immobilière depuis des années, engendre des risques systémiques à la fois dans le système bancaire formel et dans le SB, avec un renforcement réciproque de ces risques.

UN ENSEMBLE HÉTÉROGÈNE

L'hétérogénéité du SB pèse inévitablement sur sa portée théorique et empirique. En quoi le SB est-il disparate ? En ce qu'il rassemble des véhicules et des opérateurs financiers très différents, mais qui ont en commun d'être peu ou pas régulés :

- Les *hedge funds*, qui portent souvent mal (mais pas toujours) leur nom car ils privilégient des comportements d'arbitrage ou de spéculation plutôt que de couverture, même si la couverture correspond historiquement à leur *business model* initial. À mi-2014, l'encours des *hedge funds* dans le monde était de 2 600 Md$, soit une toute petite part du total du SB. On en parle beaucoup plus que ce qu'ils représentent quantitativement ! Cet encours est d'ailleurs en retrait par rapport au pic constaté avant la crise (plus de 3 000 Md$), sous l'effet d'un retrait partiel des banques des *hedge funds* (cas aux États-Unis avec la loi Dodd-Frank et la règle Volcker) et d'un effet de valorisation négatif dû à la chute des marchés.

- Les véhicules de titrisation (SPV, SIV, etc.), qui représentaient avant 2007 une grosse part du SB. La crise financière mondiale a provoqué un arrêt de la titrisation, qui redémarre graduellement – ce qui est préférable – depuis 2013 et dans un contexte un peu assaini par la mise en place de nouvelles règles prudentielles. Avec la titrisation, on touche du doigt l'ambiguïté du SB et la difficulté de placer la frontière entre le système bancaire officiel et le SB, car les banques ont été et vont rester pleinement impliquées dans le processus de titrisation des crédits.

- Les fonds d'investissement, catégorie elle-même peu homogène puisqu'elle rassemble les diverses composantes du *private equity* (PE) (capital-risque, capital-développement, fonds de LBO…).

- Les fonds monétaires, composante essentielle du SB aujourd'hui malgré des taux courts proches de zéro. Le débat en cours sur la valorisation de ces fonds – faut-il ou non leur appliquer le *mark-to-market* ? – mobilise beaucoup les débats financiers européens, mais il ne doit pas être l'arbre qui cache la forêt car les fonds monétaires soulèvent aussi d'autres questionnements.

Deux exemples concrets vont illustrer le thème de l'hétérogénéité du SB. D'abord, les *hedge funds* et les fonds de PE ne relèvent pas de la même logique ni du même horizon de gestion : les premiers adoptent en général un horizon court, alors que les seconds cherchent du rendement à un horizon compris entre cinq et dix ans. Les mettre dans la même boîte relève d'une démarche contestable, tant au regard de leur gestion que du degré de régulation auquel ils sont soumis. La même objection vaut pour la directive européenne AIFM, qui prétend, dans un seul texte, traiter de ces deux catégories de fonds (et de quelques autres…).

Une seconde illustration du caractère disparate du SB porte sur les fonds monétaires, en référence aux comparaisons entre pays. Aux États-Unis, les Money Market Mutual Funds (MMMF) se sont développés à partir de 1974 en dehors des banques et même contre elles. À l'époque, la réglementation Q interdisait la rémunération des dépôts à vue et plafonnait les taux sur les dépôts à terme auprès des banques. Logiquement, lorsque l'inflation et les taux du marché monétaire ont monté après le premier choc pétrolier, les banques ont été victimes d'un mouvement de désintermédiation au profit des MMMF. La réglementation Q a été supprimée depuis longtemps, mais les MMMF restent une composante essentielle du SB aux États-Unis, beaucoup moins régulée que les banques. Le contexte institutionnel est fort différent en France. Les OPCVM de court terme (SICAV et FCP) ont fleuri après 1981 pour contourner également la réglementation stricte à l'époque des taux d'intérêt sur les dépôts, mais ils ont été et ils restent proposés par les banques, les compagnies d'assurances… Difficile alors de les classer dans le SB ! Pour la France, au titre des fonds monétaires, il faut mettre dans le SB uniquement les OPCVM de court terme offerts par des opérateurs moins régulés que les banques. Cette catégorie est assez mince, voire vide, car les sociétés de gestion fonctionnent sous le contrôle étroit de l'AMF et de l'ACPR.

LES MOTEURS DU SB

De nombreuses forces soutiennent la dynamique du SB. J'insiste ici sur trois d'entre elles.

La volonté de contourner les réglementations

La dialectique entre réglementations et innovations financières, qui est d'application assez générale, est au centre du SB. Car, dans de nombreux cas, le SB résulte du contournement de réglementations existantes ou anticipées, pour lesquelles le coût d'adhésion pour ceux censés les respecter (par exemple les banques) devient trop élevé, dépasse un seuil impossible à définir *a priori* mais qui n'en existe pas moins. Les exemples d'une telle configuration sont légion. L'essor des MMMF américains afin de contourner la réglementation Q a été évoqué. Les épargnants chinois bénéficient de rendements (et de risques) supérieurs s'ils placent leur épargne auprès des opérateurs du SB, contournant ainsi la réglementation stricte des taux bancaires. On peut rappeler aussi que la titrisation a été développée avant 2007 par les banques pour contourner le dispositif alors en place (Bâle I) et l'arrivée à l'époque anticipée de Bâle II. On imagine aisément que Bâle III va entraîner des contournements dont il est aujourd'hui prématuré de prétendre délimiter les contours et l'ampleur… Plus la pression réglementaire est forte sur une partie seulement du système financier, plus l'arbitrage réglementaire prospère. Le chat se déplace sous le tapis. Un constat qui n'invalide pas la démarche réglementaire mais qui doit conduire à abandonner tout angélisme ou toute naïveté en la matière : l'efficacité des réglementations bancaires et financières est réduite par les contournements, mais il lui reste malgré tout, en général, une dose suffisante d'effectivité.

La recherche de rendement dans le contexte de taux proches de zéro

Les banques centrales ont eu raison de ramener leurs taux directeurs à des niveaux proches de zéro vu la gravité de la crise. Cependant, la persistance de taux bas provoque une course au rendement (*search for yield*) de la part de certains investisseurs : la quête de TRI bien au-dessus des taux du marché s'accompagne forcément d'une prise de risques supplémentaires. De nombreuses classes d'actifs profitent de cette recherche du rendement. Le SB en fait partie, avec par exemple des fonds de LBO qui surperforment, comme le suggèrent des TRI compris entre 10 % et 20 % par an.

La complémentarité du SB

Le SB ne fait pas que concurrencer les banques. Il les complète aussi, en procurant des financements à long terme devenus plus rares du côté des banques, en finançant des emprunteurs qui seraient rationnés par les banques compte tenu de leur niveau de risque, en faisant preuve d'une réactivité souvent supérieure à celle du système bancaire officiel… Les tontines africaines font partie du SB ; elles offrent à leurs membres, et à tour de rôle, des financements certes plus onéreux que les crédits bancaires mais accessibles à des emprunteurs souvent rejetés par les banques. Pour les tontines comme pour l'essentiel de la finance informelle, la solution n'est pas dans la répression, qui risque de réduire à la fois l'épargne privée et les financements accessibles, mais dans l'établissement de passerelles entre les circuits financiers informels et le système bancaire, grâce à des véhicules financiers et une fiscalité adaptés. Il y a là une illustration de la complémentarité évoquée.

POURQUOI SE PRÉOCCUPER DU SB ?

Ainsi, le SB n'est pas seulement un levier pour contourner, voire détourner, des réglementations, il peut aussi être interprété comme un espace de « respiration » qui vient à la fois concurrencer et compléter l'activité des banques.

Les autorités ont cependant raison de surveiller de près le contenu et l'essor du SB. Car, *via* l'innovation financière, gigantesque machine à redistribuer entre agents les risques financiers individuels, *via* la titrisation et d'autres procédures, le SB est le réceptacle privilégié et concentré des risques. Le premier risque associé au SB, et qui fait un peu sa spécificité, c'est le risque − et même la réalité − de l'opacité, de la non-transparence de l'information et de la non-traçabilité des risques. Par-delà cet aspect « trou noir » de la finance mondiale déjà cité, on trouve dans le SB les mêmes types de risques que ceux constatés dans les banques : risque de crédit, risque de liquidité, risque lié à la transformation d'échéances (qui relève aussi du risque de liquidité), toutes les variétés de risques opérationnels, etc. La différence, lorsqu'elle existe, est plus de degré que de nature. La crainte des pouvoirs publics à propos du SB est double :

- que l'accumulation de risques dans ce secteur pas ou peu régulé, avec des opérateurs tout aussi systémiques que les banques qualifiées de systémiques par le Conseil de stabilité financière (je pense à certains *hedge funds* qui sont systémiques par leur taille et leurs interconnexions avec le reste du secteur financier), engendre des problèmes systémiques ;

- que ces défis systémiques nés du SB se répercutent très vite sur l'ensemble du secteur financier, tant sont fortes les liaisons entre le SB et le reste du système.

QUE FAIRE ?

De manière non exhaustive, trois axes sont évoqués ici.

Le premier consisterait à s'attaquer directement aux causes de l'essor du SB. La voie est étroite. Pour reprendre en les retournant les arguments précédents, on voit mal les banques centrales anticiper le relèvement de leurs taux directeurs pour seulement freiner le *search for yield* et ses conséquences pour le grossissement du SB. De même, il serait absurde de rabaisser de légitimes ambitions réglementaires à la lumière de la crise mondiale sous prétexte que l'efficacité des réglementations prudentielles est réduite par les comportements de contournement.

Un deuxième axe de propositions consiste à élargir le champ d'intervention de la banque centrale, intervenant comme prêteur de dernier ressort, vers le SB. On voit l'inconvénient d'une telle pratique avec la création d'un aléa moral : le SB concentrera encore plus de risques s'il sait qu'il a accès au PDR dans des conditions voisines de celles des banques. La gestion des risques systémiques oblige cependant à élargir le périmètre d'intervention des banques centrales vers le SB. Le cas du *hedge fund* LTCM – opérateur typique à l'époque du SB – confirme et en même temps nuance une telle affirmation. On se souvient qu'à l'automne 1998, la Réserve fédérale américaine, par le canal de la Fed de New York, est venue sauver LTCM de la faillite sans apporter elle-même un dollar. De façon astucieuse, Greenspan a réuni les grandes banques internationales créancières de LTCM et leur a fait comprendre qu'elles avaient tout intérêt à maintenir à flot LTCM, leur débiteur, et donc à renouveler leurs lignes de crédit en sa faveur. Ce *hedge fund* jugé systémique a donc donné lieu à une intervention de « persuasion morale » de la part de la Fed sans injection de liquidités de sa part. C'est ce que l'on peut qualifier de « jurisprudence » LTCM. Une leçon à tirer de cette histoire, qui pourrait parfaitement se reproduire de nos jours : le SB est dans le champ de vision des banques centrales, même s'il appelle des traitements potentiellement différents de ceux appliqués aux banques.

Un cran supplémentaire, de nature préventive, consiste en une régulation de certaines des composantes du SB, voire de toutes. Il peut s'agir d'une régulation indirecte, visant à freiner l'essor du SB en agissant sur les banques en tant que contreparties du SB. Relèvent d'une telle approche la loi américaine Dodd-Frank, qui *via* la règle Volcker plafonne strictement les possibilités pour les banques de travailler avec des *hedge funds*, ou la loi bancaire française de 2013. La régulation directe se veut plus ambitieuse. À titre d'exemple, la directive européenne AIFM régule les FIA (fonds d'investissement alternatifs : *hedge funds*, fonds d'investissement, fonds immobiliers…) et leurs gérants. Ils sont désormais soumis, dans l'espace européen, à des obligations exigeantes de transparence, de *reporting*, de fonds propres, de gestion des conflits d'intérêts, etc.

En pratique, il n'y a pas à choisir entre régulation directe et régulation indirecte. Il faut les combiner. La régulation du SB a deux objectifs principaux :

- réduire les distorsions de concurrence entre les banques et les opérateurs du SB, pour se rapprocher du fameux *level playing field* ;

- limiter préventivement les risques systémiques.

Ce faisant, les composantes régulées à des niveaux comparables aux banques vont, par définition, sortir du SB. Tout ne sera pas réglé pour autant. Car, en vertu de la dialectique réglementation/innovation, il faut s'attendre à ce que le chat continue à se déplacer sous le tapis. On risque de voir apparaître assez vite un nouveau SB, ce que j'appelle un *shadow shadow banking*, accéléré par l'arrivée par ailleurs indispensable de Bâle III, de la directive AIFM…, et dont il est difficile de prévoir la forme exacte. Formuler un tel pronostic ne doit pas décourager les régulateurs. Cela doit simplement les conduire à anticiper les dynamiques à l'œuvre plutôt que d'avoir souvent un train de retard, et à donner la priorité à la qualité plutôt qu'à la quantité des réglementations bancaires et financières.

Chapitre 7

Banques et marchés : l'enjeu de la stabilité financière

Vivien Levy-Garboua et Gérard Maarek

Depuis le déclenchement de la crise financière en 2007, les régulateurs ne sont pas restés inactifs. Réagissant aux événements dans l'urgence, ils ont brisé au passage quelques tabous et ont tenté d'ériger des digues et des barrières pour éviter la réédition du drame.

Leurs initiatives sont pléthore. Sous le nom de Bâle III, la régulation prudentielle des banques a été renforcée avec un impressionnant arsenal de ratios. On a chargé le Financial Stability Board d'être la vigie du risque systémique. À travers plusieurs directives en Europe[1] ou le Dodd-Frank Act aux États-Unis, les chambres de compensation ont été instaurées dans un rôle élargi qui en fait la clé de voûte des marchés financiers. On a pris des mesures pour empêcher les ventes de détresse (*fire sales*) qui ont été la modalité privilégiée des paniques financières observées depuis 2007. Puis est venu le *quantitative easing* à grande échelle, permettant à la Fed d'intervenir directement sur le marché financier, qu'il s'agisse de celui des bons du Trésor américain (les *Treasuries*), des ABS ou des actions. Enfin, tout récemment, la Fed a pris une initiative passée inaperçue en Europe, mais lourde

---

1. Notamment Emir, Mifid 2 et la CRD IV.

de conséquences : s'autoriser à emprunter sous forme de *repos* auprès de « non-banques » (même si celles-ci n'ont pas de dépôts chez elle) et donc leur ouvrir un canal de placement sans risque et d'obtention de bon collatéral, privant ainsi les banques de leur monopole d'accès à la Banque centrale. Les dispositifs visant l'élargissement du collatéral, les marges initiales, la titrisation sont dans la même veine.

Ainsi, les mesures prises ou en cours d'examen sont innombrables, au point qu'elles suscitent parfois une « fatigue réglementaire » de la part des acteurs concernés. Mais plus que de « fatigue », il faut parler d'insatisfaction intellectuelle, tant cet arsenal paraît hétéroclite. Notre objectif sera ici, modestement, de tenter de mettre un peu d'ordre dans les idées et, si possible, de dégager un embryon de doctrine. La démarche nécessite de bien comprendre le nouveau paysage financier, en ce qu'il se distingue de celui décrit encore par les manuels d'économie (1re partie). Les sources d'instabilité doivent ensuite être analysées (2e partie), avant de proposer l'esquisse d'une politique financière qui viendrait compléter la traditionnelle politique monétaire (3e partie). La première conclusion est en effet qu'il faudra compléter la politique traditionnelle de la banque centrale par une politique financière, orientée vers la stabilité des marchés. Et que cette politique ne peut se réduire à la seule politique de prévention, macro-prudentielle, qui est désormais admise. Une capacité d'intervention, en cas de besoin, est dorénavant requise. La seconde proposition est de distinguer deux types de circonstances : dans les périodes normales, de « paix », les outils envisagés suffisent, et les marchés doivent jouer leur rôle, livrés à eux-mêmes. Dans les périodes de désordre grave, de « guerre », ces outils ne suffisent plus et un arsenal nouveau doit être utilisé. Cet arsenal est à inventer, mais il doit sortir du cadre usuel de la politique monétaire : agir sur les titres et sur le financement, sur les banques et sur les non-banques. La difficulté d'une telle politique est grande, d'autant qu'elle est inavouable, par crainte d'amplifier cet aléa moral déjà tant redouté.

L'ANCIEN ET LE NOUVEAU MONDE

Nous avons changé de monde. Il n'y a pas si longtemps, on opposait banques et marchés. Les premières étaient des intermédiaires s'intercalant entre épargnants et emprunteurs, et faisaient du crédit à partir de ressources courtes collectées auprès de la clientèle. Cette « finance intermédiée » était sécurisée par des ratios de bilan qui préservaient les banques du risque de faillite. C'est par leur canal que la banque centrale approvisionnait l'économie en liquidités. Son principal instrument était le taux d'intérêt auquel les banques commerciales se refinançaient. La politique monétaire des années 1990 avait trouvé une expression achevée dans la « règle de Taylor » qui faisait dépendre ce taux du rythme de l'inflation et des tensions sur les marchés du travail ou des biens et services.

Aux côtés des banques, les marchés financiers avaient leur vie propre. C'était le domaine de la finance « désintermédiée », lieu de rencontre d'entreprises en mal de ressources et d'individus et d'institutions d'assurances et de prévoyance, qui agissent pour leur compte, acquéreurs d'actions et d'obligations d'État ou *corporate*.

Cette situation ne nécessitait aucune intervention des pouvoirs publics. Les marchés étaient censés se réguler tout seuls. Une baisse brutale du prix des actifs obligeait les investisseurs privés à encaisser leur perte. Il pouvait en résulter un « effet de richesse réelle » négatif, comme ce fut le cas lors du krach boursier de 1987, ou même de l'éclatement de la bulle de l'Internet en 2000. Mais ce choc était en général de faible ampleur et rapidement surmonté.

Cette représentation est définitivement révolue. L'opposition entre banques et marchés, entre finance « intermédiée » et finance « désintermédiée » n'est plus pertinente. Les banques accueillent désormais dans leur bilan, tant à l'actif qu'au passif, des produits de marché, c'est-à-dire des titres dont le prix peut varier rapidement et significativement. C'est là précisément que réside la différence entre l'ancien monde et le nouveau monde. En détenant des crédits évalués à leur valeur initiale (et non *marked-to-market*) et en se finançant avec des dépôts et des comptes à terme, la banque était immunisée contre la volatilité des marchés. Bien sûr, demeuraient les risques de contrepartie, le risque de taux lié à la « transformation des termes » (en cas de forte remontée des taux à court terme). Mais l'expérience historique a montré que ces risques étaient maîtrisables.

Désormais, la rencontre des épargnants et des emprunteurs ne se fait plus seulement directement sur les marchés financiers, mais aussi à travers un circuit plus long qui va des marchés vers les banques, et inversement des banques vers les marchés. Quand, par exemple, un épargnant va souscrire une obligation émise par une banque et que celle-ci va acheter une action émise par une entreprise.

Le paysage s'enrichit de la présence d'entités hybrides, banques de marché, fonds communs de placement, *hedge funds*, véhicules de titrisation, etc., dont le bilan est constitué, à l'actif ou au passif, presque exclusivement de titres échangés sur les marchés. Comme ces entités spécialisées, qu'on a baptisées *shadow bankings*, sont très souvent alimentées par du crédit bancaire, la dépendance des banques vis-à-vis des marchés s'en trouve accrue.

Figure 7.1 – la dépendance des banques vis-à-vis des marchés

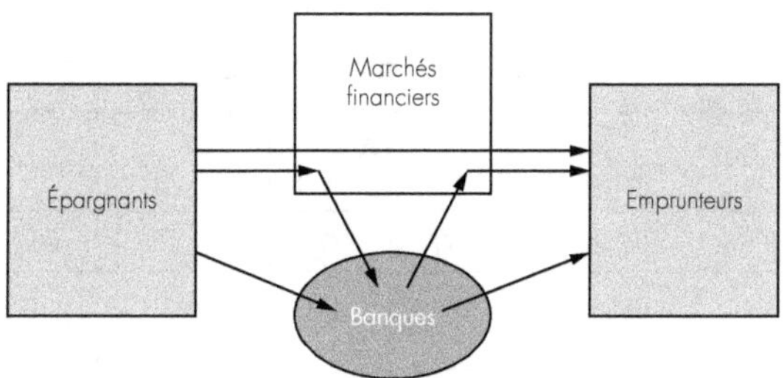

C'est la raison pour laquelle les pouvoirs publics ne peuvent plus se désintéresser des marchés. Car, en menaçant les banques, leurs fluctuations mettent en péril les dépôts de la clientèle, pouvant entraîner des conséquences cataclysmiques : défiance généralisée, *bank runs*, rupture du système de paiement… Si le cœur du réacteur est touché, c'est toute l'économie qui risque d'exploser. Tel est le risque systémique.

La stabilité des marchés financiers est donc devenue un enjeu majeur de politique économique et appelle une politique dédiée, distincte de la politique monétaire traditionnelle.

UNE PRÉSENTATION COMPTABLE

Les tableaux ci-dessous permettent de visualiser les deux univers que nous venons de décrire. Le premier montre le tête-à-tête des banques commerciales et de la banque centrale qui prévalait naguère (le *monde ancien*), tandis que le second introduit deux nouveaux acteurs : les banques de marché et les fonds de placement.

Tableau 7.1 – « Le monde ancien » (1)

	Actif			Actif (−) Passif	Passif		
	BC	bc	ANF	0	BC	bc	ANF
Monnaie		Réserves	Monnaie	0	Billets + Réserves	Dépôts	
Crédit	Refinance-ment	Crédit		0		Refinance-ment	Crédit
Obliga-tions			Obliga-tions	0			Obliga-tions
Actions			Actions	0			
Capital physique	Or monétaire		Immobili-sations	0			
Situation nette				0	Fonds propres	Fonds propres	Fonds propres

HYPOTHÈSES ET NOTATIONS

La banque centrale (BC) gère le stock d'or et les réserves de change, refinance les banques commerciales, et, en contrepartie, accepte leurs dépôts (les réserves) et émet des billets.

Les banques commerciales (bc) détiennent des réserves (pour partie exigées par la réglementation) en compte à la banque centrale. Elles recyclent leurs dépôts sous forme de crédit aux agents non financiers.

Les agents non financiers (ANF) détiennent conjointement des actifs physiques (logements, machines et équipements), de la monnaie, des titres (obligations et actions), tout en étant endettés vis-à-vis des banques.

Une présentation moins réductrice fait apparaître les rôles respectifs des ménages-épargnants, des entreprises-investisseurs et de l'État emprunteur et collecteur d'impôts.

Tableau 7.2 – « Le monde ancien » (2)

	Actif			Actif (–) Passif	Passif		
	Ménages	Entreprises	État	0	Ménages	Entreprises	État
Monnaie	Monnaie			0			
Crédit				0		Crédit	
Obligations	Obligations			0		Obligations	Obligations
Actions	Actions			0			
Capital physique		Immobilisations		0			
Situation nette			W_e	0	Fonds propres	Fonds propres	Fonds propres

W_e = valeur actualisée des excédents primaires futurs de l'État.
Ici, les entreprises financent leurs immobilisations par le crédit et l'émission d'obligations.

Les ménages détiennent pratiquement toute la monnaie en circulation, mais aussi des actions (représentatives des fonds propres des autres agents), des obligations *corporate* et des obligations du Trésor. Si celles-ci sont gagées intégralement par les recettes futures nettes de l'État, alors la situation nette des ménages coïncide avec la valeur du capital productif présent dans l'économie.

Dans cet univers financier rudimentaire, les banques ne sont connectées ni au marché obligataire ni au marché des actions. Et elles ne le sont pas davantage, indirectement, *via* d'autres agents qui seraient leurs débiteurs. Seules les fluctuations de la valeur des immobilisations des entreprises pourraient les affecter en menaçant la solvabilité de ce segment de clientèle. Mais ces fluctuations, en supposant même qu'elles soient enregistrées dans les bilans, sont bien moindres que celles du prix des actifs financiers, lesquels restent tous aux mains des ménages.

Dans le monde réel, la situation est un peu plus périlleuse, dans la mesure où des ménages, essuyant des pertes en Bourse, ou s'étant endettés à taux variable, peuvent se trouver dans l'incapacité de rembourser leur crédit au logement[1].

Le tableau suivant montre la complexité du *monde nouveau* : des relations nombreuses existent désormais entre les banques et les agents financiers d'un nouveau type, banques de marché, fonds, etc. L'exposition des banques à la volatilité des marchés est massive, directement et indirectement.

---

1. Les banques anglo-saxonnes ont vécu des épisodes similaires.

Tableau 7.3 – « Le nouveau monde »

	Actif					Total	Passif				
	BC	bc	bm	Fonds	ANF		BC	bc	bm	Fonds	ANF
Monnaie		Réserves			M3		Billets + Réserves	Dépôts			
Crédit	Refinancement	Crédit + repos		Repos				Refinancement	Repos		Crédit
Obligations		Obligations	Obligations	Obligations	Obligations						Obligations
Actions		Actions	Actions	Actions	Actions + parts des fonds						
Capital physique	Or monétaire				Immobilisations						
Situation nette							Fonds propres	Fonds propres	Fonds propres	Parts des fonds	Fonds propres

Hypothèses et notations

Banques de marché (bm) : elles exploitent un portefeuille de titres en le finançant à très court terme à l'aide de prêts bancaires gagés sur ces titres (*repos*).

Fonds commun de placement : leurs clients ont souscrit des parts du fonds, qui les rend propriétaires d'un panier de valeurs mobilières. Dans ce cas, leur levier d'endettement est nul. Mais certains de ces fonds prennent des positions spéculatives, également à l'aide de financements bancaires, mouillant leurs créanciers dans des opérations éminemment risquées. Souvenons-nous du fonds LTCM.

Les mécanismes de levier, qui, dans « l'ancien monde », ne mettaient en jeu que les épargnants et les emprunteurs, jouent aujourd'hui un rôle déterminant et font surtout courir un risque systémique : la crise des années 2000 nous l'a cruellement rappelé.

Les sources de l'instabilité financière

Si l'on s'en tient à la description du phénomène, l'instabilité financière se manifeste par d'amples fluctuations du prix de certains actifs, par leur caractère cumulatif, par le fait que plusieurs marchés sont contaminés de proche en proche et que de nombreux acteurs sont impliqués simultanément, enfin par la gravité des conséquences qui peuvent en résulter.

On se focalise le plus souvent sur les épisodes de détresse financière, caractérisés par des ventes forcées (*fire sales*), l'assèchement des transactions, et, dans les cas extrêmes, la rupture du système de paiement. Cependant les phases d'euphorie, les « bulles », grosses des catastrophes futures, ne sont pas moins préoccupantes.

Les causes sont plus difficiles à cerner. Les travaux sur le sujet conduisent à trois constats :

- Il faut distinguer la cause ultime d'une crise, son origine, de la propagation de cette crise. La cause est *toujours* un mauvais investissement, un pari qui s'avère erroné. Qu'il s'agisse de la dette russe, des actions *dot.com*, des *subprimes*, ou du risque souverain des pays périphériques de la zone euro, chaque fois une croyance se révèle fausse ou une analyse inappropriée. Ce qui en fait une crise systémique, c'est le mécanisme de propagation qui se met en marche.

- Tous les agents peuvent contribuer à une crise financière : les agents non financiers avec un endettement excessif, le *shadow banking* avec les titrisations mal conçues, les gestionnaires d'actifs à la recherche de performance supérieure à celle de leurs concurrents, les traders avec leurs lubies et leurs comportements moutonniers, les banques promptes à rationner le crédit, tous les acteurs professionnels capables de réagir brutalement, dans une course vers la sortie (*run*) destructrice.

- Les indicateurs de détection du risque systémique sont encore peu nombreux et mal assurés. Ratio d'endettement (dette/PIB) pour le levier, volatilités (indice VIX), primes sur CDS (*credit default swaps*), ou *spreads* sur les marchés primaires, *spread* OIS-Libor comme indicateur de liquidité, se sont révélés importants à tour de rôle depuis 2007. Mais leur pouvoir prédictif est sans doute bien limité : quand ils ont « décalé », il est souvent trop tard !

Il est normal que des chocs interviennent dans une économie, et c'est donc plus sur les *mécanismes de propagation et d'amplification* que des travaux ont été menés ces dernières années. Adrian, Covitz et Liang[1] (ACL) distinguent quatre grandes catégories de mécanismes : les variations brutales du prix ou de la valorisation des actifs, le levier, la transformation, l'interconnexion entre les acteurs du système financier. En réalité, les mécanismes sont innombrables et il est vain d'essayer d'en faire une liste exhaustive. Nous nous limiterons ici à deux facteurs, qui sont des conditions nécessaires de l'instabilité financière. Que l'un ou l'autre vienne à être contrarié ou supprimé, et l'emballement du système s'interrompt.

La première source d'instabilité tient aux réseaux des relations d'endettement réciproque des acteurs de la finance. Les difficultés vécues par certains vont dégrader la solvabilité de leurs créanciers, et comme ces derniers sont les débiteurs d'un troisième cercle d'agents, les défaillances vont s'enchaîner les unes après les autres. C'est l'image du château de cartes qui s'écroule d'un souffle.

Dans un précédent article[2], nous avions montré qu'une communauté aux finances parfaitement saines n'était pas à l'abri d'un risque systémique et qu'« une économie sans risque à l'échelle macroéconomique peut, du fait de la matrice des relations interbancaires, générer un risque de contagion et entraîner des prophéties auto-réalisatrices. [...] le risque de faillite de chacun va dépendre de la

---

1. Tobias Adrian, Daniel Covitz et Nellie Liang, « Financial Stability Monitoring », Federal Reserve Bank of New York, staff report 601, juin 2014.

2. V. Levy-Garboua et G. Maarek, « Three criticisms of prudential banking regulations », *Financial Stability Review*, n° 18, avril 2014, p. 207-219.

structure des financements croisés et des corrélations avec les risques supportés par les autres établissements. Il est illusoire de penser qu'une réglementation s'appliquant à des banques prises une à une, eût-on pour cela multiplié les contraintes, puisse parer au risque de système ». Nous appelions de nos vœux des *stress tests* d'un genre nouveau, visant à apprécier la solvabilité d'un établissement, non dans l'absolu, mais en fonction de sa position dans le système financier et de la résilience du système lui-même.

Le graphique ci-après montre l'importance prise par les relations de créances et les dettes internes à la sphère financière (IF). Leur montant agrégé a représenté jusqu'à 70 % du bilan des institutions financières de la zone euro, au moment du déclenchement de la crise…

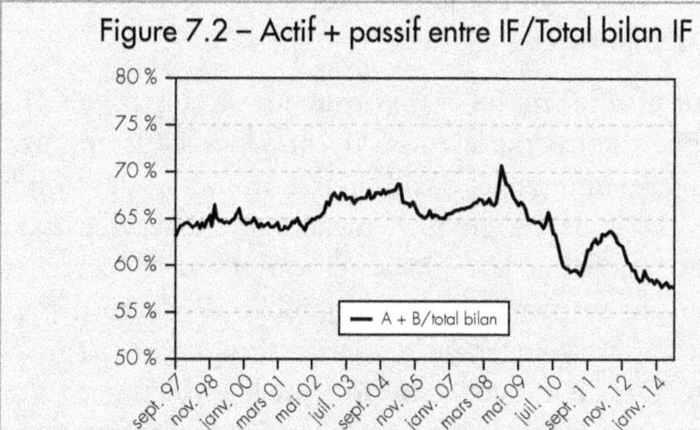

Figure 7.2 – Actif + passif entre IF/Total bilan IF

Institutions financières de la zone euro :

Éléments de l'actif A = A1 + A2 + A3.

A1 : crédit aux institutions financières et monétaires.

A2 : titres autres que des actions sur les institutions financières et monétaires.

A3 : titres émis par les OPCVM monétaires.

Éléments du passif B = B1 + B2.
B1 : dépôts des institutions financières et monétaires.
B2 : titres émis par les OPCVM monétaires.

La seconde source d'instabilité tient au fait que la demande d'actifs financiers puisse réagir de façon perverse à une variation de leur prix : au lieu d'augmenter, elle diminue quand le prix baisse, amorçant une spirale de baisses successives, car l'offre est contrainte à court terme. Et inversement dans le cas contraire. Dit autrement, la pente de la courbe de demande est positive. Les causes de ce phénomène sont multiples, ce peut être un mécanisme de « bulle rationnelle », ce peut être la conséquence d'un comportement consistant à se fixer un objectif de « levier d'endettement » et à s'y tenir.

On peut justifier un tel comportement de la manière suivante. Dans le cas où la baisse du prix des actifs entraîne une baisse simultanée d'un même montant des fonds propres, le levier augmente mécaniquement, dépassant le levier requis par la réglementation et/ou les prêteurs. Ne pouvant se procurer dans l'urgence de l'argent frais, l'opérateur va s'alléger de ses actifs, alimentant la spirale baissière. Dans le cas contraire, lorsque le levier a tendance à diminuer, en deçà de la norme, l'opérateur va être tenté de se charger de nouveaux actifs. C'est la rareté des fonds propres, ressource précieuse entre toutes, et la réglementation qui sont à l'origine de la rigidité du levier.

Le petit modèle présenté en encadré va démontrer :

- que l'instabilité financière est possible à l'échelle macroéconomique et implique non pas tant le levier au sens usuel du terme (rapport du bilan aux fonds propres) mais davantage le rapport de l'actif « réel » aux fonds propres ;

- que ce n'est pas tant le levier (au sens indiqué au paragraphe qui précède) de tel ou tel secteur qui importe, mais la **dispersion des leviers** (ici sous forme de leur variance) ;

- que l'instabilité dépend fortement de la rentabilité de l'actif « réel » et qu'elle est d'autant moins vraisemblable que cette rentabilité est forte ;

- que si les agents financiers ont une politique de levier stable et sont profitables, l'augmentation progressive des fonds propres va entraîner une augmentation de la demande d'actifs « réels ». Si, comme on peut le supposer, au moins à court terme, l'offre de tels actifs est inélastique, leur prix relatif va monter et un processus de « bulle » sur ces actifs peut s'enclencher. L'offre et la demande de crédit évoluent parallèlement sans rencontrer d'obstacles.

Levier et anti-levier
Un modèle de la demande d'actif « réel »

On raisonne en économie fermée, avec n ($i = 1$ à n) agents qui interagissent sur des marchés de crédit, de dépôt et d'un actif « réel ». Mais, contrairement à ce qui est fait en général, nous allons considérer non pas l'équilibre partiel des agents financiers, mais l'équilibre général qui se dégage de l'interaction de l'ensemble des acteurs de l'économie, financiers et non financiers. Dans cette approche, tout le monde ne peut s'endetter sans limites. Il faut qu'il y ait des créanciers face aux débiteurs, ce que nous appellerons de l'anti-levier face au levier.

Le bilan des n agents se présente ainsi : à l'actif, un actif « réel » K_i et un actif financier L_i, la somme des deux étant désignée par A_i. Au passif, des fonds propres FP_i et de la dette (ou des dépôts), D_i.

On désigne par :

$\lambda_i = A_i/FP_i$ le levier proprement dit.

$\mu_i = K_i/A_i$ la part de l'actif « réel » dans le total de l'actif.

Si bien que $K = \sum K_i = \sum \mu_i \lambda_i FP_i$.

Et en désignant par f_i le rapport des fonds propres de i aux fonds propres totaux (FP), et se servant de ce que $K = FP$, on déduit :

$$(1) \quad \sum \mu_i \lambda_i f_i = 1$$

On cherche à calculer la sensibilité au prix de la demande agrégée d'actifs « réels ». Posons :

$K = p(1) Q(1)$, où $Q(1) = \sum q_i(1)$ où $p(1)$ et $q_i(1)$ sont le prix et les quantités d'actif à la date 1.

Comme $\sum D_i = \sum L_i$ et $\sum K_i = \sum FP_i$, il en résulte que $p(1) Q(1) = FP$, et, par conséquent :

$p(1) Q(1) = \sum FP_i = \sum \{FP_i(0) + \rho K_i + [(p(1) - p(0))/ p(0)] K_i + [r(1 - \mu_i \lambda_i) + s_i(1 - \mu_i)] FP_i\}$

en notant $(r + s_i)$ la rémunération des actifs financiers L_i et r la rémunération des actifs financiers D_i. Le *spread* s_i peut être positif ou négatif. Le symbole ρ désigne le rendement de l'actif réel.

$p(1) Q(1) = \sum \mu_i \lambda_i \{FP_i(0) + [\rho + [(p(1)/ p(0)) - 1]] \mu_i \lambda_i FP_i + [r(1 - \mu_i \lambda_i) + s_i(1 - \mu_i)] FP_i\}$

$Q(1) = (FP/p(1)) \sum \mu_i \lambda_i \{f_i + [\rho + [(p(1)/ p(0)) - 1]] \mu_i \lambda_i f_i + [r(1 - \mu_i \lambda_i) + s_i(1 - \mu_i)] f_i\}$

On se sert maintenant de ce que :

$$E(\lambda\mu) = 1$$

$$E((\lambda\mu)^2) = \text{Var}(\lambda\mu) + 1$$

et de ce que le levier ne change pas d'une période à l'autre pour calculer la dérivée de la fonction de demande par rapport au prix : $\partial Q(1)/ \partial p(1)$.

$\partial Q(1)/ \partial p(1) = - (FP(0)/ p(1)^2)\{(1 + r) E(\lambda\mu) + (\rho - r - 1)(1 + \text{Var}(\lambda\mu)) + \sum s_i(1 - \mu_i) \mu_i \lambda_i f_i\}$

Appelons $S = \sum s_i(1 - \mu_i) \mu_i \lambda_i f_i$

Alors le signe de la pente sera positif si le terme entre crochets est négatif, soit :

$(1 + r)\, E\,(\lambda\mu) + (\rho - r - 1)\,(1 + \text{Var}\,(\lambda\mu)) + S \leq 0$, soit :

$(1 + r) + (\rho - r - 1)\,(1 + \text{Var}\,(\lambda\mu)) + S \leq 0$

Soit :

$\text{Var}\,(\lambda\mu) \geq (\rho + S)/(1 + r - \rho)$

On voit que plus S augmente, plus il faut que la variance soit élevée pour créer de l'instabilité.

Peut-on simplifier S ?

Cas 1 : S = 0. C'est le cas où la marge des banques est nulle sur les actifs financiers.

Cas 2 : $s_i = s$. $S = s\,(1 - \sum \mu_i^2 \,\lambda_i\, f_i)$

Que disent les données ?

Les statistiques financières, tant en France que dans la zone euro, ne sont pas suffisamment détaillées pour autoriser un test rigoureux de notre hypothèse. À savoir l'étroite relation de causalité existant entre le mécanisme de levier et l'instabilité financière. La sphère financière y est agrégée en un tout petit nombre d'agents et ne donne aucun aperçu sur le *shadow banking*.

On se contente donc ici de suivre l'évolution des leviers pour un petit nombre d'agents et sur une courte période encadrant la crise de 2008, à partir des comptes nationaux français.

Les graphiques ci-dessous montrent l'évolution des paramètres figurant dans notre modèle. On ne s'est pas limité aux actifs « réels », en y incluant les actifs financiers risqués (titres et actions) figurant à l'actif du bilan des agents. Dans ce cas, la somme des fonds propres des agents n'est plus égale, mais inférieure, à la somme de leurs actifs risqués (réels et financiers). Le modèle doit être modifié en conséquence.

On constate que les sociétés financières ont eu une évolution qui contraste avec celle des ménages et des entreprises. Alors que les premières ont fait une place croissante aux actifs risqués, les deux autres l'ont réduite. Au moment de la crise de

2008, les écarts étaient à leur maximum, contraignant les sociétés financières à stabiliser leurs ratios. La variance des leviers des agents de l'économie a bien crû fortement avant la crise, comme le montre le dernier graphique.

Figure 7.3 – Sociétés financières

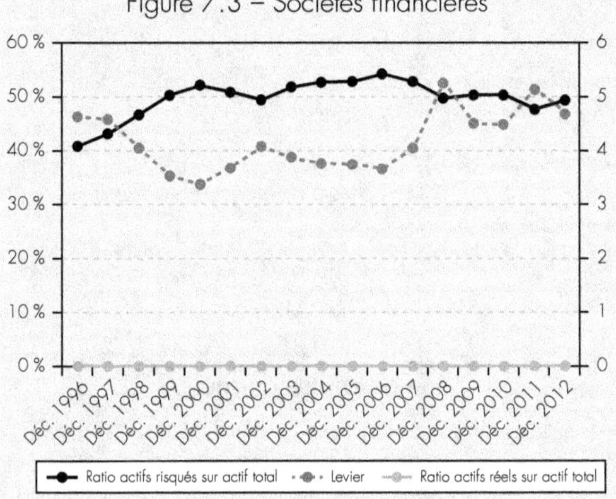

Figure 7.4 – Produit Levier × Ratio actifs risqués sur actif total

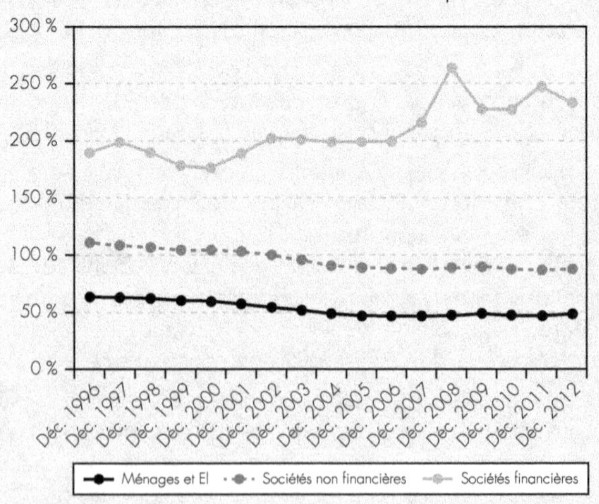

Pour une politique de stabilité financière

Traditionnellement, la politique monétaire se fixe des objectifs qu'elle doit atteindre sous certaines contraintes, et se dote d'instruments pour y parvenir. Il doit en être de même de la politique de stabilité financière.

La crise financière qui a accompagné la grande récession a donc ajouté aux objectifs traditionnels celui de la stabilité financière. Déjà, à la fin des années 1990, la question s'était posée de savoir si la banque centrale devait faire figurer sur son tableau de bord le prix des actifs et s'attacher à la détection et à la correction des bulles financières. En leur temps, A. Greenspan et son successeur, Ben Bernanke, avaient répondu par la négative. La nouvelle responsable de la Réserve fédérale, Janet Yellen, a tenu un propos beaucoup plus nuancé dans un récent discours intitulé « Monetary Policy and Financial Stability »[1], où elle montre que la politique monétaire ne peut pas tout et qu'une politique spécifique est nécessaire pour préserver la stabilité financière.

Cette crise a exacerbé deux hantises, qui sont autant de contraintes pour une politique monétaire ou financière :

- Celle de la garantie des dépôts bancaires. Les dépôts garantis sont un sanctuaire qu'il faut préserver coûte que coûte. C'est bien sûr un enjeu de finances publiques pour le cas où les banques ne seraient pas capables d'honorer cette garantie, mais c'est d'abord un enjeu systémique : il s'agit de protéger la confiance dans la monnaie et de préserver le système de paiement. La garantie des dépôts est importante, parce qu'explicite, mais elle n'est pas la seule. Chaque fois que des épargnants-électeurs

---

1. *www.federalreserve.gov/newsevents/speech/yellen20140702a.htm.*

sont en cause, n'est-ce pas la même contrainte ? La garantie des titulaires de l'assurance-vie n'est-elle pas du même ordre ? Les responsables politiques américains ne doivent-ils pas se soucier des épargnants titulaires de parts dans des fonds de pension ? Mais l'enjeu est plus large encore. L'intermédiation bancaire sous-tend toute l'infrastructure qui irrigue une économie monétaire moderne : la monétique, le système d'échange et de conservation des titres, le crédit aux PME, etc., autant de services indispensables au bon fonctionnement de l'économie. D'une certaine manière, on peut affirmer que toute crise financière devient grave si et seulement si elle dégénère en crise bancaire.

- Celle de l'aléa moral, conséquence de la garantie implicite donnée à tous ceux qui savent par avance qu'on viendra à leur secours quoi qu'il arrive. Pour éviter les comportements laxistes ou imprudents, il faut maintenir tous les acteurs dans l'incertitude quant à leur protection par l'État ou la banque centrale. D'où la préoccupation de mieux surveiller les acteurs systémiques ou *too big to fail* ; d'où le souhait de laisser en risque les prêteurs des banques dans le nouveau régime de *bail-in* qui a fait suite, en Europe, à la crise bancaire chypriote. L'aléa moral est une préoccupation naturelle. Tout doit être fait pour le combattre. Mais en cas de nécessité, les banques centrales ne peuvent pas s'exonérer de leur devoir de prêteur en dernier recours, ne leur en déplaise.

Aux deux objectifs de régulation conjoncturelle et de stabilité financière doivent correspondre deux instruments, la politique monétaire d'une part, une politique financière d'autre part, consistant dans la prévention des risques systémiques et, lorsqu'on n'a pu les éviter, la réparation des dommages qu'ils causent. On sait en effet depuis

J. Tinbergen[1] que le nombre d'instruments doit être égal au nombre d'objectifs. Comme chaque instrument a une action sur les deux objectifs simultanément – par exemple, le *quantitative easing*, destiné en principe à faire baisser les taux long terme, contribue à l'assainissement du bilan des banques –, il convient d'affecter à chaque situation économique (ou objectif) une politique (ou instrument) disposant d'un avantage comparatif relativement aux autres par souci d'efficacité (règle de Mundell)[2].

GUERRE ET PAIX

Si la détermination précise des objectifs est une tâche difficile dans l'univers financier actuel, celle des instruments ne l'est pas moins. Une des principales leçons de cette crise – ce point est étroitement lié à la question de l'aléa moral – est qu'il faut distinguer deux régimes : un régime normal, tranquille, de « paix », et un régime de crise, stressé, de « guerre ». Dans le premier, les instruments traditionnels remplissent leur rôle ; dans le second, il faut faire appel à des mécanismes ou des outils qui sortent de l'ordinaire : taux d'intérêt négatifs, *quantitative easing*, etc. Le propre de la guerre, c'est qu'on la prépare, mais qu'on n'annonce pas à l'avance sa stratégie à l'adversaire.

Ainsi, là où il y avait naguère un seul cas de figure à envisager, il semble qu'il y en ait désormais six. Le tableau ci-dessous range les instruments traditionnels, mais aussi ceux qui ont été utilisés pendant la crise dans les cases idoines.

---

1. J. Tinbergen, *On the Theory of Economic Policy*, North Holland, 1952.
2. R. Mundell, « The Appropriate Use of Monetary and Fiscal Policy for Internal and External Stability », *IMF Staff Papers*, mars 1962, p. 70-79.

En période « normale », les premiers s'appliquent comme à l'accoutumée : taux d'intérêt monétaire, réserves obligatoires, s'agissant de la politique de régulation conjoncturelle. La politique financière vise à lutter au quotidien contre l'instabilité financière, en limitant l'effet de levier, Bâle III s'étant efforcé de corriger les insuffisances de Bâle II. Mais un état-major qui se prépare à un conflit doit avoir dans ses cartons des plans de mobilisation et des équipements en réserve. Il s'agit des plans de redressement et de résolution (*recovery and resolution plan*) qui obligent les banques à simplifier leurs structures et à planifier à l'avance leur comportement et leurs priorités en cas de graves difficultés.

Tableau 7.4 – « Guerre et paix »

	Paix	Guerre
Politique monétaire	Taux d'intérêt	ZIRP
	Réserves obligatoires	Quantitaitive easing
Politique financière préventive	Règles de Bâle III Ratio contracyclique	Recovery, resolution Bail-in
Politique financière d'intervention	Néant	Intervention de la BC Gates et interdictions provisoires Bail-out

Reste à imaginer les actions à mener lorsque la « guerre » a éclaté. On peut faire à ce sujet les conjectures suivantes.

- On doit se résoudre à une intervention « à chaud » sur les marchés, dans les périodes de crise, et ce, bien que les marchés soient censés s'ajuster spontanément par le mouvement des prix, fût-il violent. Malheureusement, ce n'est pas toujours le cas : rares sont les « marchés » qui remplissent les conditions qu'on leur associe (un marché secondaire profond, de nombreux acteurs, une information partagée, etc.), et, en cas de crise, nombreux sont ceux qui deviennent illiquides. Reste l'argument que les acteurs des marchés financiers prennent leur risque et doivent en assumer les conséquences et qu'imposer une contrainte supplémentaire aux autorités de régulation n'est pas raisonnable. Après tout, pour prendre le cas bien connu du marché des changes, sa taille est sans commune mesure avec celle du marché de biens et services sous-jacent, et l'expérience du flottement administré regorge d'exemples de l'impossibilité pour les banques centrales de s'opposer à un raz de marée de spéculation. Tout ceci est vrai, sauf qu'en cas de crise (en période de *stress*), il n'y a pas le choix.

- Seule la banque centrale peut intervenir de manière souple dans ces circonstances. Les autorités de contrôle des marchés ont un rôle microéconomique et doivent agir sur la réglementation pour essayer de prévenir les crises, mais, une fois celles-ci commencées, elles ne peuvent agir qu'à travers de nouvelles règles, celles prévues en cas d'urgence (exemple : interdiction des ventes à découvert, ou de retrait des fonds d'un investisseur, ou du *market making* si celui-ci est considéré comme favorisant ou amplifiant la spéculation, etc.) et d'autres à imaginer le moment venu. L'État est amené, *via* le Trésor, à jouer un rôle. Il nationalise AIG ou Fannie Mae et Freddie Mac en septembre 2008, et lui seul peut le faire. Mais seule la banque centrale peut intervenir à un coût modéré, et elle peut le faire de manière rapide et efficace, car elle est la seule à disposer de moyens quasi illimités.

- La banque centrale doit assumer un double rôle, sur le cash et les titres : prêteur en dernier ressort de l'un, *market maker* en dernier recours pour les autres

En situation de « guerre », la banque centrale doit pouvoir intervenir sur le cash comme sur les titres et agir auprès des banques comme des autres acteurs du système financier. Son action doit concerner aussi bien le *funding* des banques et des *market makers* en général, qu'ils soient banquiers commerciaux ou de marché, que la régulation du marché des titres. Et, sur ce dernier, l'action peut être directe sur le marché du sous-jacent ou de ses dérivés, ou indirecte sur le nouveau marché du collatéral, dont on sait l'importance[1] pour la liquidité, *via* des financements sécurisés, de la banque et, surtout, des banques de marché et du *shadow banking*.

Les modalités d'une telle politique financière d'intervention, les conséquences qu'elle entraîne sur la régulation par la banque centrale des acteurs qui traditionnellement échappent à son contrôle, les outils nécessaires ou à mettre en place sont autant de sujets difficiles qui doivent être abordés, et qui nécessitent bien du travail et de la réflexion, et sans doute pas mal de tâtonnements. Ce travail est d'autant plus difficile qu'il est, d'une certaine manière, « inavouable », sauf à conforter l'idée des acteurs qu'ils n'ont plus rien à craindre et à favoriser les comportements redoutés de l'aléa moral. Mais on ne fera pas l'économie de cette démarche, si l'on veut rétablir la stabilité financière durablement, et redonner enfin confiance dans le système financier et dans sa capacité à accompagner la croissance économique.

---

1. C'est un point sur lequel nous avons insisté dans V. Levy-Garboua et G. Maarek, « La contrainte cachée du collatéral », *Revue d'économie financière*, 2013.

Chapitre 8

Finance de marché, mutations du financement de l'économie et risque
Une perspective de gérant d'actifs

Pascal Blanqué

AMBIGUÏTÉS

Il existe une ambiguïté initiale sur la définition du *shadow banking*. Le biais dépréciatif qui l'habite perturbe inutilement la réflexion et le débat. Comme le remarque le FSB dans son rapport de 2013 (*Global Shadow Banking Monitoring Report*), l'expression « finance de marché » (*market-based financing*) serait plus appropriée. Entendue comme système d'intermédiation de crédit impliquant les entités et/ou des activités situées en dehors du système bancaire traditionnel[1], une telle finance de marché contribue au financement de l'économie réelle, et cela d'autant plus que les banques allègent leurs bilans (*deleveraging*).

Une telle finance de marché soulève des interrogations de nature systémique, notamment au travers de l'activité de transformation de maturité/liquidité, par le transfert du risque de crédit inapproprié ou à effet de levier et/ou par le contournement de la régulation. S'appuyant sur cette définition du FSB, la Commission européenne publie en juin 2012 un *green paper*, qui retient pour définition le

---

1. Financial Stability Board (G20), avril 2011.

système d'intermédiation du crédit impliquant entités et activités situées en dehors du système régulier bancaire. Tout en fournissant une liste d'entités, en particulier impliquées dans la transformation de liquidité et de maturité (SPV, ABCP, conduits, MMF, fonds d'investissement hors ETF, entités financières ou assurantielles garantissant des crédits), et d'activités (titrisation, prêts de titres, *repo*), les notions de risque systémique ou de seuil de matérialité ne sont pas évoquées[1].

Il existe une seconde ambiguïté selon que le concept s'applique à des entités (gérants d'actifs…) ou à des activités (dont beaucoup concernent les gérants d'actifs : fonds monétaires MMF – *money market funds* –, titrisations, prêts/emprunts de titres, mises en pension – *repos* – ETF, fonds présentant un levier…). L'attention de la régulation s'est progressivement portée sur les activités, avec un degré croissant de granularité, plaçant à un second plan, sans la délaisser pour autant, la discussion sur le risque systémique que pourraient présenter les NB – NI SIFI (Non-Bank Non-Insurance Systemically Important Financial Institutions – institutions financières non bancaires, non assurantielles systémiquement importantes), dont principalement les gérants d'actifs.

Au total, le périmètre s'est peu à peu concentré sur ce qui était susceptible d'échapper à la réglementation prudentielle au titre de l'intermédiation bancaire ou assurantielle. Les opérations hors bilan des banques, qui font de la transformation, ont suscité un intérêt particulier, de par le risque de *mismatch* de liquidité et le mauvais transfert de

---

1. SPV : *special purpose vehicle* (véhicule de titrisation) ; ABCP : *asset-backed commercial paper* ; MMF : *money markets funds* ; ETF : *exchange-traded fund*.

crédit dans les titrisations. Les ETF, un temps l'objet d'attention, en réplication physique comme synthétique, sont passés au second plan. Les ETF ont été des suspects initiaux (utilisation des *total return swaps* et du prêt de titres, sensibilité supposée plus forte aux ventes de détresse en raison de leur structure d'actifs). Une analyse plus approfondie a ramené plus de sérénité. Mises en pension et prêts de titres ont attiré l'attention des régulateurs en raison du risque de levier. Enfin, géographiquement, les pays émergents font l'objet d'une analyse de plus en plus fouillée, à proportion de l'information disponible et en lien avec un certain nombre de déséquilibres identifiés (Chine, bulle immobilière).

L'histoire du sujet « finance de marché » (*shadow banking*) est donc celui du rétrécissement granulaire de son périmètre en termes d'entités et surtout d'activités à mesure que s'affirme la connaissance des réels enjeux et risques, qu'accompagne un élargissement géographique (pays émergents) dont l'accès à une information de qualité demeure le principal défi. Le FSB confirme que plus de 20 Tr\$, sur un total de 71 Tr\$ initialement répertoriés, ne devraient pas être considérés en risque (ont été notamment écartés les fonds actions et les filiales des institutions faisant l'objet d'une régulation prudentielle). Les facteurs de risque clés retenus dans l'analyse demeurent quant à eux, d'un point de vue systémique : levier excessif, risque de transformation (maturité), transfert inapproprié de risque, arbitrage de la réglementation (*regulatory arbitrage*).

L'histoire du sujet, enfin, est celui de la fonction de transformation. Dans le cadre post-crise, le régime macro-financier a vu un certain recul de l'implication des banques, soumises à de nouvelles contraintes et en phase d'ajustement à la baisse de leurs bilans : sans pouvoir dire que les gérants d'actifs sont susceptibles de se substituer au financement bancaire, ceux-ci ont joué et vont continuer à jouer un rôle croissant dans la fonction de transformation du financement. Sans contester ce rôle, la discussion a cherché à l'encadrer. À dire vrai, l'attention des régulateurs est d'autant plus prononcée que ce transfert partiel de la fonction de transformation avait commencé à se faire jour dans la décennie précédant la crise, dont il permet d'expliquer certains mécanismes pour le coup négatifs.

Le sentiment général d'impasse ressenti dans la crise tient largement à une mutation du mode de financement de l'économie durant la décennie précédente. L'économie était jusqu'alors principalement financée par le système bancaire, auquel se sont joints progressivement les marchés financiers et les *asset managers* dans le courant des années 1990, ces derniers au travers des actifs monétaires détenus en CD (certificat de dépôt) bancaires et des actions. Le financement a vu ensuite un recul de la part du système bancaire et une nette augmentation du rôle des *asset managers*, au travers, d'une part, de la classe d'actif du *corporate credit*, d'autre part d'une nouvelle génération de produits et d'instruments liés notamment à la titrisation (CDS, ABS, CLO, CDO[1]…). Dans un contexte de liquidité favorable, les *asset managers* se sont de fait substitués aux banques dans leur mission traditionnelle de transformation. Les *asset managers* en ont importé les caractéristiques et les défis, s'engageant à une liquidité quotidienne pour des actifs à long terme et en prenant du risque de crédit. Il existait donc un *mismatch* ou dissymétrie entre, au passif, une liquidité totale et, à l'actif, des

---

1. CDS : *credit default swaps* ; ABS : *asset-backed security* ; CLO : *collateralized loan obligation* ; CDO : *collateralized debt obligation*.

instruments ou classes qui pouvaient s'avérer peu ou pas liquides, *a fortiori* quand ces instruments ne sont pas cotés sur des marchés organisés.

La crise a cassé le mode de financement décrit plus haut, précipitant un retour à une situation de fait semblable à celle qui prévalait jusqu'au milieu des années 1990 : le financement doit être à nouveau assuré par les seules banques au travers de leur bilan au moment où augmentent les contraintes prudentielles s'exerçant sur elles. Les produits peu liquides ou aux valorisations incertaines (*mispricing*) ont connu un coup d'arrêt net. Les *asset managers* ont donc enregistré une forte hausse de la collecte des fonds monétaires tandis que les classes d'actifs à long terme (dont obligations *corporate*, actions), celles précisément qui assurent le financement à long terme de l'économie, accusaient un retrait sensible. La crise n'a donc pas créé un problème de financement à court terme comme on a pu l'entendre, et les *asset managers* ont continué à jouer leur rôle.

Il convient de préserver et d'affirmer le caractère utile de la titrisation qui ne saurait, sans dommages pour le financement de l'économie, être sacrifiée dans l'effort, légitime par ailleurs, d'encadrement de la finance de marché. La relance de la titrisation est nécessaire, il faut qu'elle soit de qualité (des objectifs de conservation de 10 % à 15 % du risque par les opérateurs bancaires, bien au-delà des 5 % convenus, vont dans ce sens). Plus largement, il convient de garder à l'esprit que la structure de financement de l'économie européenne est largement bancaire. À un moment où le financement bancaire est plus contraint et où certains segments de marché sont à l'arrêt (*asset-backed securities*), des solutions sécurisées de relais impliquant d'autres acteurs, de facilitation pour les banques elles-mêmes, de réamorçage enfin des solutions de marché, sont avancées et simultanément bienvenues.

LA GESTION D'ACTIFS, PARTIE PRENANTE

L'acte fondateur du Financial Stability Board (G20, avril 2011) engage la régulation dans quatre directions : indirecte au travers des banques, directe pour les entités ou les activités, mesures macro-prudentielles contre la procyclicité ou le risque de contagion. Les gérants d'actifs, parties prenantes de la finance de marché, sont concernés. Cette dernière n'est pas sans bénéfices, ce qu'admet la Commission européenne : une alternative aux dépôts bancaires, un canal efficace d'acheminement des ressources vers des besoins rendus spécifiques par la spécialisation, une source alternative de financement pour l'économie réelle, une diversification du risque. Des risques sont présents : *runs* (retraits brutaux) des structures abritant des dépôts, ou ce qui peut en tenir lieu, effets de levier masqués, contournement/arbitrage de la régulation, faillites désordonnées affectant le système bancaire.

Ce n'est pas tout. Les fonds monétaires (MMF) sont assimilés à des entités de dépôt et non pas à des véhicules d'investissement avec des valorisations « au marché » (*marked-to-market*). Les fonds monétaires, comme les autres types de fonds, ne sont certainement pas des entités opaques. Fortement régulés et supervisés, relevant de règles strictes de transparence et de reporting, contrôlés en interne ainsi que par des dépositeurs et les auditeurs, ces fonds présentent par ailleurs un risque modeste de transformation[1] et un risque de crédit concentré, principalement sur des entités bancaires prudentiellement régulées[2]. Du point de vue de la distribution, si les MMF ne sauraient être présentés comme des instruments assimilables à des dépôts, leur statut de véhicules d'investissement présentant un faible risque fait l'objet d'une information auprès des investisseurs.

La qualification du risque systémique découle du risque de *run* (retrait brutal) et l'attention s'est portée sur les fonds CNAV (*constant net asset value*, fonds à valeur liquidative constante) en raison de la possibilité d'introduire un écart de valorisation (*valuation gap*) entre la CNAV (*constant NAV*) officielle et la valeur liquidative masquée, quant à elle à la valeur de marché. Il est reproché à ces fonds de créer un avantage au premier qui bouge, qui inciterait les détenteurs à racheter les premiers et à la parité, et ainsi accélérer le *run*. La difficulté de ces fonds à faire la liquidité en vendant au prix de marché (plus faible que le coût d'amortissement) aggraverait la situation.

Les fonds VNAV (*variable net asset value*), qui relèvent d'une politique de prix au marché (et dans des circonstances exceptionnelles de modèles simples de valorisation), répondent à ces interrogations en termes de liquidité et de diversification, renvoyant les CNAV à des évolutions requises par les régulateurs (par exemple, publication de la valeur liquidative « masquée » [*shadow*]). La régulation

---

1. WAL (*weighted-average life*, risque de crédit) inférieure à 120 jours pour les MMF court terme ou 1 an pour les MMF ; WAL (risque de taux) inférieure respectivement à 60 jours et six mois.
2. 80 % en moyenne.

évolue aux États-Unis[1], elle est encore en projet et en discussion en Europe[2].

Il s'agit donc d'une matière mouvante portée par l'amélioration de règles existantes (par exemple celles de l'ESMA – Autorité européenne des marchés financiers – ; l'introduction d'un niveau minimum de 10 % de cash et d'investissements à maturité d'une semaine ou le suivi fin des attitudes des investisseurs afin d'adapter le curseur de la liquidité font partie des discussions) ou l'introduction de nouvelles règles. L'analyse des effets contre-productifs de certaines règles fait l'objet de discussions (segmentation par clientèle des CNAV, valorisation au *bid* quand nécessaire – avec risque de panique). D'autres, qui cherchent à répondre aux interrogations, semblent amputer les avantages reconnus des MMF (coussins de liquidité, mécanismes d'assurance…).

Ces travaux ne sont pas sans enjeu tant le rôle macro-économique des fonds monétaires dans le financement de l'économie est significatif. Parce que ces fonds représentent une manne financière considérable (400 Md€ en France, 1 000 Md€ en Europe en janvier 2014) et parce qu'ils sont investis largement dans des instruments du système bancaire (80 % en moyenne dans le cas de la France), ils assurent une part critique du financement de l'économie et donc de sa stabilité. Pas ou mal

---

1. SEC, juillet 2014. Trois catégories de MMF, gouvernementale, institutionnelle et de détail. Les VNAV sont imposées au segment institutionnel. Possibilité pour le *board* d'introduire des frais de liquidité ou des « barrières » (*gates*) quand le ratio de liquidité est inférieur à 30 % avec une obligation à 10 %. Transparence des portefeuilles et publication des NAV en valeur de marché (*shadow NAVs*) pour les MMF dits « CNAV ».

2. Le projet publié en juin 2013 n'a pas obtenu l'aval du Parlement.

régulés, leur affaiblissement serait dommageable. Si tant d'attention est ainsi portée aux fonds monétaires dans le cadre de ce qu'on appelle le *shadow banking*, c'est parce qu'ils incarnent la fonction de transformation, portent les enjeux de la liquidité, *semblent* pouvoir être assimilés aisément à une activité bancaire de dépôts mais, surtout, parce qu'ils jouent dans le régime macro-financier un rôle fondamental dans le financement du système financier et, partant, de l'économie, s'avérant un verrou clé en cas de crise, coussin, rempart ou lieu de propagation.

L'industrie de la gestion d'actifs fait déjà l'objet de régulations visant à encadrer le risque systémique. Ainsi les exigences de collatéral (régulation EMIR – *European market infrastructure regulation* –, Dodd-Frank). Le *clearing* centralisé des produits dérivés par l'intermédiaire de contreparties centrales en constitue un exemple[1]. De leur côté, les directives UCITS et AIFM (*undertakings for collective investment in transferable securities* ; *alternative investment fund management*) renforcent le cadre de régulation[2] sans oublier les exigences dans le cadre MIF (distribution, rémunérations…). Au total semble émerger un cadre de régulation significatif limitant le risque d'assimilation de la gestion d'actifs au *shadow banking* dans son acception la plus négative ou la plus inquiétante.

---

1. Les RTS (*regulatory technical standards*) de l'ESMA organisent l'activité des contreparties centrales (CCP). Les orientations de l'ESMA sur les ETF mettent l'accent sur la diversification, les *stress tests*, l'éligibilité notamment.
2. AIFM D : tous les fonds qui ne sont pas UCITS sont assimilés à des fonds AIF et régulés en tant que tels. Les orientations UCITS 5 (fonction dépositaire, rémunération et sanctions) et 6 (actifs éligibles, dérivés OTC, question de la liquidité, passeport européen pour les dépositaires…) élargissent et complètent le cadre.

DEUX CHANTIERS

Le sujet du *shadow banking* est autant celui de sa définition que de sa mesure, les deux étant liés. L'appréhension chiffrée du phénomène dans ses dimensions verticales (entités, activités) et horizontales (géographie, pays), longtemps parcellaire, a retardé la compréhension des dynamiques, en particulier globales. Le rapport du FSB (de novembre 2013, troisième du nom) rassemble une base représentative de vingt pays auxquels s'ajoute la zone euro, soit 80 % du PNB mondial et 90 % de la finance[1]. 71 Tr$ sont identifiés, soit 117 % du PIB des pays concernés et 24 % de l'activité financière globale pour une part assurée par les banques de 47 %. Le phénomène semble concentré aux États-Unis (37 %, 21 % pour le Canada), la zone euro (31 %), le Royaume-Uni (12 %) et le Japon (5 %). Plus précisément, Pays-Bas, Royaume-Uni et Suisse concentrent un encours trois fois supérieur à leur PNB. Les Pays-Bas et les États-Unis ont par ailleurs des encours bancaires inférieurs à ceux du *shadow banking*, ces derniers ne représentant en moyenne que 52 % des encours bancaires. Relativement modestes en termes absolus, les encours des pays émergents croissent rapidement : les dix pays enregistrant le taux de croissance le plus élevé sont émergents, 20 % par an pour l'Inde, l'Argentine ou l'Afrique du Sud, plus de 40 % pour la Chine.

La position correcte du problème du *shadow banking*, et, partant, de celui de la finance de marché, passe par l'éclaircissement patient de la matière les concernant. Les questions de périmètre, de sous-jacents sont fondamentales. De quoi parle-t-on ? C'est là le premier chantier prioritaire.

---

1. Activités quasi bancaires d'institutions qui ne sont ni banques ni assurances ou fonds de pension, mais OFI (*other financial intermediaries*).

En parallèle, les deux sont liés, il reste à construire rigoureusement les logiques macro-financières qui font, ou pas, qu'il peut y avoir *in fine* matérialisation d'un risque au confluent d'acteurs (banques, non-banques) et d'activités pris dans un jeu de forces lourdes : intermédiation/désintermédiation, développement de la base de crédit et/ou profondeur des marchés financiers dans certaines économies, effets d'éviction ou de propagation de la régulation (banques, non-banques), chaînes de ventes de panique (ou rationnelles) des sous-jacents. On accordera une attention particulière à deux facteurs :

- les effets *en tant que tels* de la régulation, dont les biais procycliques peuvent apparaître, qui souvent se trouve confrontée, dans ses impacts, à une forme de triangle d'incompatibilité (protection de l'investisseur, stabilité financière, financement de long terme de l'économie) et dont l'approche purement macro-prudentielle peut s'avérer très insuffisante, rendant nécessaires de nombreuses analyses micro-prudentielles sur le comportement des acteurs et des stratégies individuelles dans un cadre donné (les expériences de type laboratoire sont nécessaires) ;

- les phénomènes de « prise en otage » des acteurs ou entités dans les phases de débouclage de crise, c'est-à-dire le fait que, certes responsable d'une stratégie d'investissement dans le cas d'un gérant d'actifs et de la maîtrise d'un certain nombre de risques qui y sont attachés (c'est là le but principal – non unique – de la régulation), l'acteur ou l'entité se trouve *de facto* dépendant de forces externes (les retraits dans le cas de la gestion par exemple).

Connaissance micro-économique

Le travail d'éclaircissement de la matière *shadow banking* ou
« finance de marché », est un chantier de longue haleine qui
n'en est qu'à ses débuts. Les premiers travaux signalent le
rôle significatif de la gestion collective, en analyse grossière
(6 % pour les fonds monétaires, 0,2 % pour les *hedge funds*,
35 % pour les autres fonds). Ces chiffres frustes parlent
d'eux-mêmes. On y voit la sous-estimation manifeste des
hedge funds (100 Md$ répertoriés pour une estimation de
1 940 Md$ par IOSCO – International Organization of
Securities Commissions). Les domiciliations off-shore et
les lacunes profondes des appareils statistiques nationaux
peuvent l'expliquer. De même, les 35 % d'autres fonds
recouvrent des réalités diverses (15 % pour les seuls fonds
actions, 9 000 Md$, 12 % pour les fonds de taux, soit seu-
lement 8 % pour le reste). Sans s'interroger sur le lien
spécifique des fonds, stratégies d'investissement et sous-
jacents individuels avec la dynamique du risque (marché, acteurs), on reste à la surface d'un sujet complexe.
Cela vaut aussi pour l'activité des *brokers-dealers*, véhicules
structurés, trusts, fonds immobiliers et holdings[1].

Au total, et c'est là le message principal, c'est à un travail
de connaissance micro-économique de l'écosystème de
la finance qu'invite le sujet du *shadow banking*. Le caractère parcellaire ou inexistant des travaux et des analyses
micro-économiques constitue une limite à la construction d'un cadre micro-prudentiel venant valider, inflé-
chir ou modifier les orientations premières de nature
macro-prudentielle.

---

1. Certains segments telles les institutions de financement spéciales hol-
landaises semblent comporter une granularité significative.

Le travail de peignage fin du périmètre de toutes ces composantes est un travail d'élimination de ce qui n'est pas pertinent du point de vue de la problématique posée et permettant donc une concentration de l'analyse. Ainsi, 40 % des encours ont été écartés, ramenant un périmètre de 71 Tr$ à environ 45 Tr$. C'est dire la marge d'incertitude et le flou dans lesquels évolue encore le sujet et qui situent bien le risque de précipitation de la régulation (ou, dit autrement, il y a bien course de vitesse entre la compréhension ciblée d'une question non encore clairement formulée, la propension à réguler, et l'occurrence inopinée toujours possible d'une crise).

On peut donner trois exemples. Il convient de neutraliser les titrisations internes, conservées au bilan de la banque originatrice dans le but unique d'accéder au refinancement auprès de la banque centrale (on parle en 2013 de près de 40 % du périmètre initial de *shadow banking* de pays comme l'Italie, l'Espagne ou l'Australie – d'autres n'ont pas fourni de statistiques). L'élimination des fonds actions, qui ne participent pas à l'intermédiation du crédit, semble aussi justifiée, à l'exception près des prêts/emprunts de titres (9 200 Md$) qui peuvent en première analyse être vus comme faisant partie de la chaîne de crédit. Enfin, les entités consolidées dans un groupe bancaire déjà régulé (9 700 Md$) semblent offrir une garantie prudentielle, ce qui ne signifie pas qu'elles échappent aux dynamiques de risque en cas de crise.

Le macroprudentiel et le cycle financier

Le sujet de la finance de marché se situe à la confluence d'une mutation des modes de financement de l'économie (ascension des formes non bancaires sur fond de contraintes s'imposant aux banques) et du cycle financier et du risque qu'il contient. Il s'agit, pour ce dernier aspect, de l'interaction auto-renforçante entre perceptions du risque/tolérance au risque et, d'autre part, contraintes financières. Cette interaction, comme l'a montré C. Borio, est au cœur des dynamiques pro-cycliques de dislocation[1]. Cela signifie que la question du *shadow banking*, de la finance de marché, ne peut être comprise qu'à partir du rôle du cycle financier dans la macro-économie, qui joue un rôle fondamental dans la conception de la politique prudentielle et fixe aussi ses limites. La question devient alors celle de la façon dont la politique prudentielle aborde et traite le cycle financier. Dans ce cadre, la politique prudentielle doit comporter une orientation macro-prudentielle ou systémique, c'est-à-dire la prise en compte de la procyclicité du cycle financier ou, cela revient au même, de la dimension temporelle de l'évolution du risque systémique. L'idée générale est de constituer, de façon contracyclique, des coussins (*buffers*) durant les phases d'expansion (cela vaut pour l'ensemble des autres politiques, dont monétaires et fiscales) qui amortiront les chocs dans les phases de retournement, voire réduiront en amont l'intensité finale du choc. C'est cette logique que l'on retrouve à l'œuvre dans certaines propositions actuelles pour la gestion d'actifs (fonds monétaires).

C'est parce qu'au cœur du cycle financier se trouve la trajectoire interactive du crédit et du prix des actifs que le sujet du *shadow banking* tente de cerner les articulations entre financements bancaires et comportements d'entités et d'activités en lien en dehors du système bancaire, dont la gestion d'actifs, même si cette dernière n'est pas, ou de

---

1. Voir par exemple C. Boriot, « The Financial Cycle and Macroeconomics : What Have We Learnt ? », *BIS Working Paper*, 395, Bank for International Settlements, Bâle, décembre 2012.

loin, en première analyse, située dans le canal du crédit. L'histoire montrant que la fréquence du cycle financier est plus faible que celle du cycle économique (sa durée est plus longue) et que les pics du cycle financier tendent à coïncider avec des crises bancaires et diverses dislocations (la pire situation est la coïncidence de retournement des deux cycles avec dislocations financières et bancaires, comme en 2008), l'attention portée à la « protection » ou à l'encadrement du cycle financier est un travail de longue haleine, très en amont et d'autant plus difficile que ce dernier peut être découplé de la trajectoire du cycle réel (les déséquilibres s'accumulent alors que continue à progresser en surface une économie réelle qui semble ne donner aucun signe d'alerte). En particulier, la montée des déséquilibres s'accompagne d'une surestimation de la croissance soutenable (ou du potentiel effectif de croissance). Enfin, le cycle financier est dépendant d'un régime macro-financier particulier (degré de libéralisation, de contraintes financières, de cadre et d'objectifs de la politique monétaire…) qui accentue plus encore la fragilité du système de finance de marché et, partant, de l'économie dans son ensemble. La question ici est de savoir si le *shadow banking*, « finance de marché », constitue une caractéristique en tant que telle d'un régime macro-financier susceptible d'accroître la fragilité de l'ensemble, donnant légitimement lieu à régulation macro-prudentielle particulière.

EXTENSION DE LA RÉGULATION BANCAIRE – QUESTIONS OUVERTES

L'extension du domaine de la régulation aux domaines du *shadow banking* est pour une bonne part celle de la régulation bancaire. La protection des déposants en étant une composante essentielle, c'est sans surprise que, dans le domaine de la gestion d'actifs, les activités présentant une apparence de réalité de dépôt (fonds monétaires au premier chef) ont fait l'objet d'une attention particulière. La protection de l'intérêt du déposant, supposé en position d'asymétrie d'expertise et d'information, est assurée par la puissance régalienne.

Ce sont donc d'une part l'activité de dépôt et d'autre part la participation aux circuits du cycle de crédit (dont le recours à l'effet de levier) qui structurent la démarche d'investigation du périmètre non bancaire. La logique de protection du déposant et celle du risque systémique sont liées, les difficultés d'une entité financière, la matérialisation du risque de contrepartie et les ventes de détresse créent des externalités sur le secteur régulé prudentiellement et peuvent mettre en risque des entités de détail, donc *in fine* le déposant (banques de détail, compagnies d'assurances). Une des questions est de savoir, dans le cas du gérant d'actifs, jusqu'à quel point de telles logiques peuvent amener à qualifier un risque systémique, au niveau du fonds et/ou de l'entité. S'il est dit qu'un gérant d'actifs n'est pas une banque, qu'un excès contre-productif de supervision et de régulation constitue une possibilité à apprécier avec sagesse, il ne va pas de soi que l'occurrence d'un risque systémique puisse être évacuée aussi facilement d'un revers de main. La crise a montré la fragilité de certains acteurs de la gestion d'actifs, engageant le secours de leur maison-mère (quand ils étaient adossés à des banques) et, plus généralement, a suggéré des niveaux de capital pouvant s'avérer insuffisants, au niveau de l'entité, en cas de choc. Le spectre de supervision de telles entités inclut des aspects d'incitation et de rémunération des managers et des actionnaires. Il reste que la régulation des acteurs du *shadow banking* se heurte à la difficulté d'identifier les acteurs systémiquement significatifs, à des limites de ressources de la régulation face à un monde complexe et fragmenté, à la migration/métamorphose de certaines activités ou entités (ainsi du rôle croissant de certaines entreprises ou secteurs industriels dans la finance de marché). La régulation de l'existant peut précipiter la mutation des formes de la finance de marché[1].

Plus fondamentalement, la recherche sur la liquidité a permis de clarifier le besoin d'exigence de liquidité en sus de celle concernant la solvabilité. La logique d'agence a permis de clarifier une prise spécifique de risque conduisant à une transformation de maturité excessive et déséquilibrée. La logique des externalités a permis de son côté de tenter de prévenir les dynamiques de propagation (risques de contrepartie, ventes de détresse)[2]. La régulation de la liquidité demeure toutefois un terrain de travaux à venir tant bien des points restent encore incertains

---

1. Certains observateurs (l'économiste Jean Tirole notamment) ont émis l'hypothèse non consensuelle d'isoler prudentiellement les entités régulées (banques de détail, compagnies d'assurances, fonds de pension) du risque de contrepartie avec les entités financières non régulées dont certaines ont accès à un refinancement attractif avec l'anticipation d'un sauvetage public en cas de choc. La centralisation régulière des échanges va aussi dans ce sens.
2. Voir J. Tirole, « The Contours of Banking and the Future of Its Regulation », in *What Have We Learned ? Macroeconomic Policy of the Crisis*, MIT Press, 2014.

(définition des actifs liquides, des horizons inter-temporels qui peuvent conduire les acteurs à des stratégies risquées, seuils de pertinence opérationnelle des coussins *buffers*, spécificités géographiques selon les caractéristiques macro-économiques de tel ou tel pays, dont son niveau d'endettement).

La bonne compréhension de l'interconnexion entre *shadow banking* et système bancaire est essentielle et a fait l'objet de travaux, en particulier sur la part du bilan des banques que représente leur soutien aux entités dites de *shadow banking* soit par des financements (de 7 % dans la zone euro à 17 % au Brésil en 2013), soit par des investissements (4 % dans la zone euro). Cela reste insuffisant (estimation des risques indirects créés par l'utilisation des mêmes contreparties ou des mêmes stratégies d'investissement avec des points de concentration, de bulle ou d'illiquidité potentiels).

À ce titre, le rôle joué par l'immobilier dans le cycle financier est fondamental. Or cette classe d'actifs n'a pas fait l'objet d'une attention suffisante (pas de suivi dans de nombreux pays). Il en est de même, dans un autre registre, des centres off-shore. Enfin, il conviendra de mieux distinguer la titrisation du financement direct, soit par un placement privé, soit par un fonds (typiquement les fonds de prêt à l'économie), et de faire l'analyse des risques encourus (information, alignement d'intérêt, analyse crédit…).

Il existe un biais de régulation à considérer les activités du point de vue des banques et non de leurs contreparties. Les banques utilisent les *repos* et le prêt de titres dans leur financement et cela peut alimenter le levier. Le gérant d'actifs utilise le *reverse repo* afin de mieux protéger les actifs de son client au travers d'un dépôt titrisé (*securitized deposit*). Cela ne produit pas de levier (le prêt de titres sert aussi à améliorer la performance au bénéfice de l'investisseur). La régulation doit s'intéresser à l'utilisation excessive de ces techniques quand elles conduisent à un levier important[1].

La gestion d'actifs est légitimement partie prenante du sujet du *shadow banking* dans la mesure où la fonction de transformation de liquidité est incluse dans cette activité. Cela dit, toute la question est d'identifier les zones sensibles (levier), de tenir compte des mécanismes protecteurs existants tout en évitant les effets contre-productifs éventuels d'une régulation inappropriée. Le périmètre du *shadow banking* progresse avec les mutations des modes de financement de l'économie, certains résultant de la régulation elle-même (sur les banques par exemple), plus largement avec la financiarisation de l'économie (développement du crédit, de marchés plus profonds) et sa globalisation (échanges et capitaux). L'interprétation sur les horizons différents du cycle financier (prix d'actifs), du cycle de crédit (la question de savoir jusqu'à quel point les acteurs non bancaires en font partie n'est pas simple) et du cycle de croissance rend le chantier complexe, ouvert et essentiel.

Au moment où sont écrites ces lignes, la perspective d'un risque majeur de liquidité semble émerger[2]. Produit

---

1. L'interdiction de réutiliser le cash ou le collatéral comme collatéral pour une autre transaction peut s'avérer contre-productive, empêchant les fonds d'obtenir du collatéral éligible au travers d'un *swap* et donc de mettre en place des transactions sur dérivés qui font partie de leur stratégie d'investissement.
2. Voir Zoltan Pozsar, « *A macro view of Shadow Banking, levered Betas and Wholesale Funding in the Context of Secular Stagnation* », draft paper, INET, 31/01/2015.

d'une mutation des structures de marché et des largesses des banques centrales, il résulte de la combinaison (1) du retrait des banques des activités de *market making* lié aux contraintes bilantielles (2) et de la recherche agressive de rendement sur fond de taux d'intérêt zéro ou négatifs. Les points de concentration des détentions d'un certain nombre d'actifs potentiellement illiquides se sont déplacés vers le monde des investisseurs (gestion d'actifs, assurances, fonds de pensions, *mutual funds*), lequel a capturé la valeur, le risque et le devoir désormais de faire la liquidité. Paradoxe apparent, la détérioration de la micro-liquidité menace alors que la liquidité banque centrale n'a jamais paru aussi ample. Enfin, la régulation des banques semble avoir moins éliminé que déplacé le risque et donc la régulation. Gageons que les capacités de *stress-tests* de liquidité, de gestion intégrée du cash et du collateral, de pilotage de l'intermédiation et des contreparties intéresseront les régulateurs tout en s'avérant des facteurs discriminants entre acteurs.

Chapitre 9

Le *shadow banking* : nouveau levier de financement des économies émergentes

Jean-Jacques Pluchart

Selon les derniers rapports (2013 et 2014) du Conseil de stabilité financière (CSF) et du Fonds monétaire international (FMI), les économies marquées par les plus fortes croissances des flux financiers relevant du *shadow banking* (SB) sont celles des BRIC[1] et des pays émergents (notamment Chine populaire, Inde, Argentine, Afrique du Sud). Cette situation suscite les questionnements et l'inquiétude des autorités financières internationales. Leurs interrogations ne portent pas que sur l'ampleur des risques que fait directement courir le SB à ces économies – et indirectement aux économies occidentales – mais également sur la nature, sur les causes et sur les effets d'un « SB non aligné ».

Le phénomène de globalisation financière s'applique-t-il en effet à toutes les économies nationales et dans tous les compartiments de la finance ? La finance parallèle n'est-elle pas plutôt soumise à un phénomène de « glocalisation » – déjà observé en marketing – dans lequel s'affrontent des forces globales et locales parfois contradictoires ? Les activités de SB ne dépendent-elles pas des stratégies économiques, des systèmes bancaires et des

---

1. Brésil, Russie, Inde, Chine.

cultures financières propres à chaque pays ou zone géopolitique ? Le SB ne permet-il pas à un nombre croissant d'acteurs économiques non bancarisés de financer leurs activités ? Certaines pratiques du SB ne sont-elles pas déjà réglementées ? La banque parallèle ne contribue-t-elle pas à « transformer des déposants bancaires en investisseurs financiers » ? Ces questions sont d'autant plus pertinentes lorsqu'elles s'appliquent aux économies émergentes.

Les rapports officiels et la littérature académique sur le SB distinguent généralement trois grands types de modèles financiers : les systèmes anglo-saxons, dominés par les marchés financiers ; les systèmes de la zone euro, basés sur les réseaux bancaires ; les autres systèmes, caractérisés par une certaine hétérogénéité des canaux et des véhicules financiers. À ces modèles correspondraient différents types de SB, présentant plus ou moins de risques systémiques. Cette vision simplificatrice et contingente du SB mérite toutefois d'être approfondie. L'analyse du phénomène de « glocalisation » du SB passe par une revue des traits communs et spécifiques des systèmes financiers des BRIC ainsi que des économies en transition et émergentes. Cette analyse exige d'identifier les principaux facteurs – notamment politiques, structurels et culturels – qui conditionnent ces traits. Elle implique également d'interpréter des données statistiques souvent partielles et disparates. Elle suppose surtout de remettre en question la grille de lecture du SB imposée par les institutions financières occidentales, sans toutefois déroger aux fondamentaux régissant la gestion des risques financiers (Stiglitz, 2004 ; Herrera, 2013).

L'analyse portera successivement sur les disparités des systèmes de SB des économies émergentes, puis sur les cas emblématiques de la Chine populaire, de l'Inde et de la Corée du Sud.

LES *SHADOW BANKINGS* DES PAYS ÉMERGENTS : CONVERGENCES ET DIVERGENCES

Hors de l'environnement occidental, le SB présente des structures et des cultures particulièrement hétérogènes, qui reflètent les différences entre les niveaux de développement des BRIC, des économies en transition et des autres économies émergentes. Ces disparités rendent d'autant plus long et difficile le processus d'alignement de leur système de finance parallèle sur les modèles occidentaux de régulation et de non-régulation du SB.

Un environnement économique et politique disparate

L'importance et la croissance du SB diffèrent sensiblement d'une économie émergente à l'autre. Selon le CSF et le FMI, la part du SB dans les actifs financiers (observée à mi-2014) serait supérieure à 30 % en Chine, en Inde, en Corée du Sud et à Singapour, comprise entre 20 % et 30 %, au Brésil, au Mexique, en Indonésie, au Chili, en Afrique du Sud et en Arabie Saoudite, et inférieure à 20 % dans les autres pays émergents. L'expansion du SB est plutôt antérieure à la crise de 2007-2008 dans des pays comme le Mexique, la Corée du Sud, la Russie et l'Arabie Saoudite, et plutôt postérieure à la crise dans des pays comme la Chine, l'Inde, l'Argentine et l'Afrique du Sud. Les risques associés au SB sont également de natures différentes et d'importance inégale selon les pays. Le risque systémique[1] y est par exemple le plus élevé dans des pays comme le Brésil, l'Inde, l'Arabie Saoudite et l'Indonésie.

---

1. Risque de contagion en cas de crise, dû à une interconnexion excessive entre les systèmes réglementés et non réglementés.

Les facteurs favorables au SB sont multiples et spécifiques à chaque économie régionale ou nationale (Bryane, 2013). Selon la Banque mondiale, les systèmes de SB viennent plutôt se substituer à des réseaux bancaires défaillants et/ou à des marchés boursiers classiques trop étroits, comme dans les économies de la Russie, du Chili et de l'Afrique du Sud. Ils se présentent plutôt comme des compléments – plus ou moins indispensables – dans des pays comme la Chine, l'Inde, l'Argentine, la Turquie et l'Indonésie, notamment après la contraction du crédit bancaire entraînée par les règles de Bâle I et II. Le SB est directement encouragé par le gouvernement dans des pays comme la Chine, la Russie et l'Arabie Saoudite. Il se développe, principalement sous l'impulsion des banques commerciales et des compagnies d'assurances, à la faveur d'une absence ou d'une insuffisance de régulation de la finance parallèle, dans des pays comme le Mexique, le Brésil et l'Inde. Dans certaines économies, comme celles de l'Inde, de la Russie, de la Thaïlande, du Vietnam et de la Malaisie, marquées par des taux élevés d'inflation et des intérêts réels négatifs, les autorités financières sont tentées de favoriser la titrisation d'actifs (notamment de créances immobilières) et leur *packaging* en obligations à haut rendement – à l'instar du système des *subprimes* américains – afin d'attirer les investisseurs locaux et étrangers, et de financer les projets industriels les plus risqués. Le gouvernement mexicain a ainsi encouragé la multiplication des institutions financières non régulées (Sofoles), spécialisées dans diverses formes de crédit hypothécaire afin de relancer la consommation et la construction immobilière. La Russie, la Turquie et le Brésil constituent des terrains propices au SB, car ces pays disposent de systèmes performants de gestion de fonds de pension et d'assurance.

Si les systèmes de SB de chaque pays dépendent principalement des structures de leurs réseaux bancaires et de leurs marchés financiers, ils évoluent en fonction des variations des fondamentaux économiques (notamment des taux de croissance et d'inflation) et des effets de contagion mimétique au sein de chaque zone économique, par exemple entre la Chine et certains pays de l'ASEAN, entre le Brésil et certains pays d'Amérique latine ou entre les pays du golfe Persique. Le rapport du FMI publié en septembre 2014 met notamment en lumière les nouvelles formes de *shadow banking*, comme les trusts et produits de gestion de fortune (WMP) en Chine et l'essor des prêteurs non bancaires en Inde et en Asie du Sud-Est. Le Fonds déplore cependant l'absence de données consolidées sur la question en raison des manques relevés dans de nombreux pays.

Une régulation du SB longue et difficile

Le CSF constate, dans ses rapports annuels, les progrès réalisés par certains pays (notamment l'Argentine, le Brésil, l'Afrique du Sud et Singapour) dans la réforme de certaines de leurs pratiques, notamment sur leurs marchés de produits dérivés. Mais face à la diversité et à la flexibilité des formes du SB dans les pays émergents, l'encadrement des entités et la régulation des activités de SB s'avèrent d'autant plus longs et difficiles que les réformes doivent être concertées en raison des interconnexions entre les systèmes financiers des pays occidentaux et émergents. L'harmonisation est rendue hypothétique par l'attitude de certaines parties prenantes du SB, qui ont parfois des comportements de sélection adverse et/ou d'aléa moral. Certaines de leurs pratiques justifient le qualificatif de « finance de l'ombre » attribué à la finance non réglementée. Certains dirigeants de pays émergents s'efforcent de retarder les réformes de leurs systèmes de SB afin de conserver le plus longtemps possible leurs avantages compétitifs spécifiques. Derrière des intentions affichées d'alignement sur le modèle américain (basé sur le Dodd-Frank Act), anglais (inspiré par la commission Vickers) ou européen (fondé sur la directive AIFM[1]), les gouvernements de certains BRIC (comme la Chine ou la Russie), de « dragons » asiatiques (comme la Corée du Sud) et de plateformes régionales (comme Hong Kong, Singapour ou Dubaï) s'efforcent d'attirer les capitaux des fonds locaux et internationaux – notamment des particuliers fortunés (*high-wealth individuals*) – par des produits dérivés présentant de hauts rendements-risques (*high yield*). Ils encouragent le développement de *clusters* financiers spécialisés dans les fonds *repos* (comme en Chine), le crédit immobilier (Argentine, Arabie Saoudite, Émirats), les créances commerciales (Chine, Argentine), les fonds de pension et d'assurances (Russie, Turquie), les instruments de couverture des risques en capital (Afrique du Sud, Indonésie)…, selon Bryane, 2013.

Les dirigeants des économies les plus avancées – comme la Chine ou la Corée du Sud – privilégient les canaux parallèles de financement des entreprises innovantes et les instruments de *factoring* et de *leasing*, qui contribuent à sécuriser les transactions commerciales. Les gouvernements des économies en développement – comme celles de l'Inde, des pays de l'ASEAN et d'Afrique – favorisent certaines « voies de financement informelles » ou de *quasi-banking* (micro-finance, prêts sur gages…) des

---

1. Directive européenne sur les gestionnaires de fonds d'investissement alternatifs (2011).

projets agricoles et artisanaux ne pouvant bénéficier de crédits bancaires classiques. Certains décideurs publics et privés des économies les plus puissantes, comme la Chine, le Brésil et la Russie, semblent rechercher une « troisième voie » – ni anglo-saxonne ni européenne – de réformes des systèmes financiers.

Les cas de la Chine, de l'Inde et de la Corée du Sud

Ces trois pays méritent une analyse plus approfondie en raison des caractères spécifiques de leurs systèmes de *shadow banking*.

Le *shadow banking*, levier du socialisme de marché à la chinoise

Le financement de l'économie chinoise est assuré de plus en plus massivement par des établissements relevant du SB, dont l'encours est estimé à 4 800 Md$ à mi-2014, représentant environ le quart des actifs bancaires et la moitié du PIB chinois de l'année 2013. Cette situation s'explique d'autant moins que l'épargne brute publique et privée chinoise (de l'ordre de 51 % du PIB) est une des plus élevées du monde, que les banques d'État y sont puissantes, que le pays dispose de Bourses des valeurs relativement actives et que les banques internationales y sont très présentes. L'expansion du SB semble en partie résulter d'une volonté de l'« État-parti » chinois, dont l'objectif est de mettre en œuvre, par une stratégie dite « des petits pas », un « socialisme de marché » respectueux à la fois de l'idéologie communiste de la Chine populaire et des traditions confucéennes de l'Empire du Milieu. La réforme engagée en 1978 par Deng Xiaoping a visé « l'harmonie », définie comme un « équilibre des forces ne menaçant pas l'intégrité de l'État unitaire » (Pluchart, 1996). Dans la finance chinoise, l'harmonie confucéenne semble passer par un certain équilibre entre la banque visible et la banque de l'ombre (Li *et al.*, 2014).

Le système chinois de SB favorise le recyclage du risque bancaire. Ainsi, lorsqu'une banque accorde un crédit, la réglementation la contraint de céder sa créance à un trust chargé de la restructurer et de la titriser, avant que la banque ne la place auprès de ses clients particuliers comme des produits des gestions de patrimoine. Ces produits hors bilan offrent des rendements attractifs (jusqu'à 7 % par an contre 3 % pour les placements classiques) et nettement plus élevés que la rentabilité des projets qu'ils financent. Les épargnants ne sont généralement pas informés des risques encourus par leurs placements, qu'ils pensent garantis par l'État. La pratique généralisée du hors-bilan explique notamment pourquoi les banques chinoises ne provisionnent pas leurs créances douteuses. Mais en raison de leur implication, ces montages basés sur la titrisation font courir un réel risque systémique au système bancaire.

Parmi les autres organismes relevant du SB, les établisse-ments de caution (au nombre de plus de 20 000) apportent des garanties sur les prêts les plus risqués et octroient eux-mêmes d'onéreux crédits aux emprunteurs les moins fiables. Les 5 000 boutiques de prêts sur gages (*pawn shops*) consentent également des crédits à très court terme aux PME en difficulté, provoquant un nombre croissant de procès. Les sociétés fiduciaires constituent également un canal privilégié de SB, notamment auprès des collectivi-tés locales et des promoteurs immobiliers. Diverses autres filières (prêts intra-groupes, crédit fournisseur, leasing, micro-crédit, crédit à la consommation, financements par des plateformes *peer-to-peer*...) viennent compléter l'éventail des techniques de SB ou de *quasi-banking*.

Ces pratiques se sont développées d'autant plus rapidement que, depuis les réformes bancaires de 1994 et 1995, les crédits octroyés par les banques d'État et des banques commerciales réglementées ont été de plus en plus encadrés, notamment par la China Banking Regulatory Commission (CBRC). Les taux d'intérêt ayant été plafonnés à 3 % par la banque centrale chinoise – la People Bank of China (PBOC) –, les banques chinoises ont limité les crédits finançant des projets risqués non garantis par l'État, tout en émettant des produits structurés afin de contourner la réglementation prudentielle.

La stratégie industrielle de l'État repose sur les sociétés d'État chargées en priorité de soutenir l'effort d'exportation. Bénéficiant d'aides publiques, d'exonérations fiscales et de crédits à taux bonifiés de la part des banques d'État, elles produisent un tiers du PIB et représentent les deux tiers des 500 premières entreprises du pays. Le marché des actions (couvert par les places de Hong Kong, de Shanghai et de Shenzhen) est essentiellement réservé aux « investisseurs qualifiés » que sont les grands groupes (publics et privés[1]) chinois, et les compagnies étrangères. Ces investisseurs ont également accès aux marchés obligataires nationaux et étrangers. Mais le marché obligataire secondaire chinois demeure étroit et risqué pour les investisseurs, malgré un durcissement des règles d'introduction et de notation des titres (Aglietta, Guo Bai, 2012). Les gouvernements successifs se sont montrés réticents à l'ouverture de ces marchés aux PME/PMI, afin de drainer

---

1. Les groupes privés chinois sont eux-mêmes contrôlés aux deux tiers par l'État.

l'épargne vers le financement des investissements industriels des SOE et des « champions nationaux » (comme Huawei, Dongfeng, Sinopec…). Les capitaux levés sur ces marchés ont notamment permis de couvrir les rachats de divisions d'entreprises occidentales (Lenovo-IBM, TCL-Thomson, Beijing Oriental Electronics-Hynix, Nanjing Automobile Company-MG Rover…).

Dans ces conditions, faute de crédits bancaires suffisants, les collectivités locales, certains groupes industriels et de nombreuses PME/PMI chinoises ont été contraints de recourir à la finance parallèle. Ils ont contracté, notamment après la crise financière asiatique de 1997-1998, des crédits délivrés par des fonds d'investissement, ou *investment trusts*, peu ou pas réglementés, dont un tiers est spécialisé dans le crédit immobilier et le financement des BTP. L'encours de ces « crédits informels » – soit 1 700 Md$ à fin 2013 – représente près d'un tiers de l'ensemble des actifs financiers du SB chinois. Ces trusts émettent divers titres négociables à hauts rendements-risque (principalement des obligations collatéralisées), comme les *trust wealth management products*, les *banking wealth management products*, les *medium term notes*, les parts de fonds de placement monétaire, les *repurchase agreements* (*repos*) et différents types de fonds communs de créances plus ou moins risquées. Ces pratiques ont déjà provoqué plusieurs faillites bancaires – comme celle de la China Credit Trust – qui ont entraîné localement des paniques (*bank runs*) parmi les déposants. La libéralisation des taux annoncée par la PBOC devrait en principe réduire l'attractivité de ces produits assimilables à des *special purpose vehicles* anglo-saxons.

Les taux élevés des crédits informels (compris entre 20 % et 40 %) ayant affaibli la compétitivité des PMI chinoises, le gouvernement a encadré en 2010 divers crédits relevant du SB dans certaines villes comme Wenzhu, où étaient affichés des taux supérieurs à 20 % (Meyer, 2014). Afin de stimuler l'innovation des PME, l'État chinois a encouragé la mise en place de nouveaux modes de financement qui relèvent du SB et, notamment, une forme spécifique de *factoring* associant l'entreprise innovatrice et ses clients, mais aussi l'État, qui assure des rôles d'arbitre et de garant, le *factor* qui rachète les créances, et des fonds finançant le *factor*. Ces montages contribuent à limiter les risques du crédit client, à réduire le besoin en fonds de roulement de l'entreprise et à alléger le coût de sa trésorerie. Afin d'encadrer ce mécanisme, l'État chinois étudie la mise en place de plateformes électroniques destinées à mieux contrôler les risques et à gérer les opérations de *factoring* (Wang *et al.*, 2014).

Les collectivités locales sont également clientes des institutions du SB. Leur endettement s'est fortement accru sous l'effet du plan de relance des provinces lancé en 2008, pour atteindre en 2013 un niveau équivalent à celui de l'administration centrale. Ne pouvant accéder au crédit bancaire classique, certaines villes-cités ont mis en place, avec l'aide de banques commerciales, des plateformes de financement (LGIV) ou des *urban development investment corps* (UDIC), qui leur ont accordé des prêts hypothécaires d'autant plus risqués que leurs taux d'intérêt ont parfois été indexés sur le prix de l'immobilier. Ces pratiques ont contribué à gonfler les créances douteuses de ces établissements (estimé en 2013 à environ 15 % du total des encours).

À partir de 2014, l'accroissement des endettements public et privé du pays et la fuite des capitaux due à la baisse du cours du yuan et au ralentissement de la croissance constituent autant de facteurs favorables au maintien – sinon au développement – des systèmes, notamment parallèles, de financement de l'économie chinoise.

Le *shadow banking*, moteur de la croissance indienne

La République indienne, « plus grande démocratie mondiale » et « quatrième puissance économique (en PPA[1]) », doit principalement au SB sa croissance économique soutenue à un rythme annuel de 3 % à 4 %. Les autorités indiennes considèrent la plupart des pratiques du SB comme complémentaires aux activités bancaires conventionnelles. Elles soutiennent la plupart des *quasi-banking systems* mis en place par des milliers d'entités de finance parallèle (*non-bank financial corporations* ou NBFC). Ces dernières couvrent en 2014 près de 40 % de l'ensemble des actifs financiers publics et privés du pays. Plus de 10 000 fonds d'investissement non régulés ont été recensés par le National Institute of Public Finance and Policy. La banque centrale indienne attribue ce phénomène à divers facteurs structurels et culturels : le coût réel du crédit provoqué par une inflation endémique (supérieure à 8 % par an) ; la fragilité d'un réseau bancaire insuffisamment décentralisé, moderne et ouvert aux PME et aux ménages ; un tissu économique dominé aux deux tiers par l'artisanat et l'agriculture vivrière ; une culture économique fondée sur un rapport particulier à l'argent…

Les prêteurs sur gages (notamment sur or), ou *loan-for-gold-companies*, se sont multipliés dans tout le pays, à l'instar de Muthoot Fincorp Ltd. qui compte pas moins de 3 125 comptoirs. Ce réseau déclare pouvoir « ouvrir en moins de trois minutes un crédit à 24 % gagé sur l'or ». Il est vrai que l'Inde est, derrière la Chine, le deuxième

---

1. Parité de pouvoir d'achat.

consommateur d'or mondial et que l'or est considéré par la population indienne comme le principal rempart contre l'inflation. Afin d'endiguer cette nouvelle « ruée vers l'or », le gouvernement indien s'est efforcé par diverses mesures de sécuriser les transactions et de diversifier les couvertures des risques sur les opérations de SB. Le Security and Exchange Board (SEB) a ainsi réglementé en 2012 la pratique des prêts sur gages. Ces pratiques font courir des risques croissants aux investisseurs et à l'ensemble de l'économie indienne. Les plaintes se sont surtout multipliées à l'encontre de certains établissements financiers non réglementés, accusés notamment d'ériger des pyramides de Ponzi[1] dans les secteurs agricole et artisanal.

Une autre activité apparentée au SB porte sur le micro-crédit, qui relève plutôt du *quasi-banking*, couvrant des prêts de faible montant à des artisans et à des agriculteurs ne pouvant accéder aux prêts bancaires classiques. Le système a été lancé en 1976 au Bangladesh par le professeur Muhammad Yunus, Prix Nobel de la paix. Les institutions de micro-finance (IMF) indiennes ont financé un nombre croissant de microprojets dans des secteurs aussi divers que l'agriculture (groupements villageois, coopératives paysannes, organisations professionnelles agricoles), l'artisanat (groupements d'artisans, associations artisanales féminines), l'économie sociale (mutuelles d'épargne et de crédit, banques villageoises), la protection sociale (mutuelles de santé, caisses de santé primaire) ou l'éducation. Le développement du micro-crédit a été favorisé par les réseaux familiaux et de solidarité locale qui ont, dans l'ensemble,

---

1. Une pyramide ou système de Ponzi (*Ponzi scheme*) est un montage financier consistant à rémunérer les placements des investisseurs par les fonds apportés par les nouveaux entrants.

contribué à sécuriser les prêts. Les IMF indiennes ont généralement dupliqué le modèle canonique de la banque Grameen (créée par Muhammad Yunus), fondé sur un emprunt solidaire plutôt réservé à des femmes. En Inde, un emprunt sur huit a ainsi permis la création d'une nouvelle activité indépendante. Cependant, les pratiques de certains IMF ont été entachées par des dérives et ont révélé d'autres types de risques associés au *quasi-banking* : intérêts prohibitifs (jusqu'à 20 % par mois), surendettement de certains ménages, expulsions, suicides… Des pratiques plus modernes, dérivées de la micro-finance mais encore insuffisamment encadrées, sont récemment apparues, comme le financement participatif, ou *crowdfunding*, par lequel un projet est financé par une communauté d'internautes à partir d'une plateforme de financement participatif ou d'un réseau social. Ainsi, afin de venir en aide aux sinistrés des dernières inondations, des acteurs de Bollywood, ont lancé en 2014 une vaste campagne de *crowdfunding* sur la plateforme indienne Ketto.

Le SB d'un « dragon » : le cas de la Corée du Sud

Le volume des transactions parallèles en Corée du Sud est estimé à plus de 1 000 Md$ à fin 2013, soit la moitié de tous ses actifs financiers et un montant proche de celui du PIB. Il s'est accru à un rythme annuel de 12 % depuis 2008, nettement supérieur à celui des pays occidentaux, faisant craindre une nouvelle crise de l'ampleur de celle de 1997. Ce phénomène est notamment dû à la sévérité de l'encadrement bancaire, instauré en 1998 à la demande du FMI, conjugué au laxisme des réglementations appliquées à la finance parallèle (Pluchart, 1999). Le SB a ainsi pu contribuer à la relance de la consommation des ménages (dont l'endettement atteint 163 % du revenu disponible en 2014) et au redressement industriel du pays au cours des années 2000. Les fonds d'investissement, en partie contrôlés par les conglomérats industriels coréens (*chaebols*), ont développé les transactions financières à effet de levier, transformant des capitaux à court terme en crédits à long terme. La multiplication des engagements hors bilan des banques commerciales et des opérations de mise en pension (*repurchase agreements* ou *repos*), fondées notamment sur des produits de trésorerie, font courir un risque de blocage de l'ensemble du système financier, suivant un scénario identique à celui de la crise américaine de 2007-2008.

Conclusion

L'observation des processus de développement et des modes de régulation du SB dans les BRIC et les économies émergentes montre que les systèmes de SB sont de plus en plus hétérogènes. Ils semblent mériter leur appellation de « banque de l'ombre » dans la mesure où leurs représentations dépendent notamment des postures de leurs observateurs. Certains ne perçoivent dans le SB que les activités risquées et les entités « criminelles » (Bric, 2013), d'autres constatent que celles-ci répondent aux stratégies des gouvernements et des entreprises, qu'elles s'adaptent aux structures des réseaux bancaires et des marchés financiers nationaux, qu'elles évoluent en fonction des aléas des conjonctures économiques locales, qu'elles recouvrent des pratiques et des instruments financiers innovants. Plusieurs traits semblent être toutefois communs aux acteurs financiers de la plupart des pays émergents : un rapport particulier à l'argent ; un sens aigu du risque ; une volonté d'indépendance vis-à-vis de certaines règles occidentales ; la recherche d'avantages concurrentiels durables fondés sur certaines activités éthiquement discutables du SB. Les attitudes des parties prenantes des pays émergents vis-à-vis de la banque parallèle se présentent donc comme « conceptuellement » différentes et « culturellement » encastrées (Levin, 2008), c'est-à-dire influencées par les valeurs socio-culturelles dominantes de leur environnement. Le SB semble donc bien recouvrir une pluralité de SB encore à explorer.

Du *shadow banking* au *shadow working*

Un système paradoxal

Les réflexions avancées dans cet ouvrage mettent en lumière les paradoxes qui pèsent sur les représentations du *shadow banking* (SB). Ces paradoxes reposent sur des facteurs et sur des effets de nature historique et géopolitique.

L'histoire du SB, apparu au cours des années 1980 avec la libéralisation des marchés financiers, comporte deux phases distinctes. Jusqu'à la crise des *subprimes* de 2007-2008, le *shadow banking system* recouvrait principalement des activités bancaires hors bilan, à effet de levier, notamment financées par des fonds de marché monétaire. La dernière crise financière a profondément modifié cette structure. La rentabilité et les capitaux propres des banques classiques ont été affectés par la contraction de leurs activités de crédit, par l'érosion de leurs marges sous l'effet de la baisse des taux d'intérêt et par des pertes de *trading*. Afin de reconstituer leur capital et de se conformer aux nouvelles règles du Comité de Bâle, les banques ont encouragé diverses activités de SB, génératrices de rendements élevés, basées sur une titrisation de créances et sur divers modes parallèles de financement, d'origine bancaire et assurancielle. Certaines activités de *quasi-banking* (prêts sur gages, micro-crédit, *crowdfunding*, affacturage…) ont été parallèlement favorisées. Ainsi, malgré une conjoncture déprimée, le retranchement du système bancaire réglementé a pu être partiellement compensé par des modes d'intermédiation plus souples, par des types de financement plus liquides et par des techniques de couverture des risques mieux adaptées aux besoins spécifiques des investisseurs et des emprunteurs. Le développement du SB a ainsi contribué à stabiliser l'ensemble du système financier international et à le rendre moins vulnérable aux crises. Les véhicules du SB ont constitué des instruments de diversification des investissements financiers et de couverture des investissements industriels et commerciaux. Ainsi, le périmètre du SB a pu s'adapter aux mutations des circuits de financement de l'économie résultant de la régulation bancaire et, plus généralement, de la financiarisation et de la globalisation de l'économie. Le SB s'est ainsi affirmé comme un relais de croissance de l'économie par l'accroissement de la capacité de financement bancaire.

Mais les atouts du SB ne doivent pas occulter ses handicaps. L'incertitude qui entoure son périmètre, l'opacité qui pèse sur certains de ses rouages, l'opportunisme dont font preuve certains de ses acteurs contribuent à alimenter une certaine mythologie du SB. La nature et l'ampleur des risques (de liquidité, de défaut, de transfert, et surtout, systémique…) associés au SB justifient la multiplication des diagnostics et des propositions de mesures globales ou ciblées – à la fois préventives et correctives – de réglementation et de régulation de ses activités, par les institutions internationales, par les banques centrales et par les régulateurs des marchés financiers.

Mais le phénomène du SB diffère selon les zones géopolitiques. La vision anglo-saxonne perçoit dans le SB une nouvelle forme – plus efficiente – de « banque de marché » (*market-based banking*), ne requérant qu'une régulation indirecte. Cette approche semble être partagée par les principaux acteurs des réseaux bancaires et assuranciels, et notamment par les gestionnaires d'actifs. Les régulateurs de l'Europe continentale mettent plutôt l'accent sur les risques engendrés par les activités de SB et sur la nécessité d'une régulation directe. Les gouvernants de la plupart des BRIC et des pays émergents appréhendent plutôt le SB comme un palliatif aux carences de leurs réseaux bancaires et de leurs marchés financiers, et, dans certains cas, comme une nouvelle source d'avantage concurrentiel. Les perceptions des pratiques du SB reflètent donc les particularismes socio-culturels de leurs terrains.

UN SYSTÈME OU DES SYSTÈMES

La révolution financière amorcée dans les années 1980 a conduit à une reconfiguration du système financier en trois blocs : les banques centrales, les banques commerciales et les entités de SB. Les activités de ces dernières sont sous-réglementées, tandis que celles des banques commerciales sont sur-réglementées. Si un consensus sur la nécessité d'une régulation du SB semble être acquis, la plupart des mesures qui ont été engagées ou proposées par les institutions financières internationales (notamment le CSF, le FMI et la Commission européenne), par les banques centrales (notamment la BCE, la BoE et la Fed) et par les régulateurs des marchés s'avèrent d'application partielle ou difficile. Des avancées sont cependant perceptibles : par exemple, la loi Dodd-Frank et la loi bancaire française de 2013 encadrent les relations entre les banques et les *hedge funds* ; la directive européenne AIFM régule les

FIA (fonds d'investissement alternatifs : *hedge funds*, fonds d'investissement, fonds immobiliers…) et leurs gérants. Une meilleure supervision à l'échelle internationale des banques classiques, des compagnies d'assurances et des agences de notation contribuerait indirectement à encadrer les activités de SB (notamment les opérations à effet de levier sur fonds monétaires et sur titres) et à limiter le SB à du *quasi-banking* ne présentant pas de risque systémique. Mais la réglementation de certains fonds (notamment monétaires) est rendue difficile par l'hétérogénéité des statuts et des modes de valorisation de ces fonds selon les pays.

DES RÈGLES SIMPLES ET ADAPTÉES

Les auteurs de cet ouvrage s'accordent à privilégier les mesures de régulation indirecte des instruments financiers, car des dispositifs réglementaires et des systèmes de régulation trop contraignants risqueraient d'être contournés par des innovations financières portant sur des instruments de plus en plus sophistiqués, et d'engendrer de nouvelles formes de *shadow shadow banking*. Le respect de règles simples, favorables à une certaine flexibilité financière, s'avérerait donc plus efficace. Une consolidation comptable à l'échelle internationale et un *reporting* prudentiel intégré des activités bancaires et assurancielles hors bilan recueilleraient un certain consensus, mais les experts sont conscients que ces mesures risqueraient de se heurter aux réactions de certains gouvernements – notamment dans les pays émergents – qui favorisent le financement par le SB de leurs secteurs d'activité les plus risqués ou les moins rentables. Une segmentation du SB en canaux BtoB (*private equity, hedge funds*), BtoC (nouveaux organismes de crédit aux consommateurs), CtoC (*peer-to-peer lending*, monnaies parallèles), CtoB (*crowdfunding*)… permettrait de mieux baliser le terrain du SB et d'adapter plus efficacement sa régulation à chacun des canaux de financement et de crédit, en se focalisant en priorité sur les canaux présentant un risque systémique.

UN « CHANTIER COMPLEXE, OUVERT ET ESSENTIEL »

Une des difficultés réside dans l'appréciation des effets contre-productifs éventuels d'une régulation inappropriée. Les experts s'accordent sur certains principes devant régir la réglementation du SB : l'impératif de concurrence entre les établissements financiers, la prévention contre le défaut d'une « non-banque systémique », l'harmonisation des cycles de gestion d'actifs et de crédit ; la nécessité d'élargir le périmètre d'intervention des banques centrales vers le SB… Aux objectifs de régulation conjoncturelle et de stabilité financière devraient correspondre deux instruments – la politique monétaire d'une part, une politique financière d'autre part – consistant dans la prévention et la correction des risques systémiques. Il conviendrait donc d'« affecter à chaque situation économique (ou objectif) une politique (ou instrument) disposant d'un avantage comparatif relativement aux autres par souci d'efficacité ».

Le chantier de la régulation du SB semble devoir faire appel à un « travail de l'ombre » austère, rigoureux et de longue durée, impliquant du courage politique, de la diplomatie internationale et de l'expertise financière et comptable. Ce *shadow working* est seul en mesure de restaurer la confiance dans le système financier et dans sa capacité à soutenir durablement la croissance économique mondiale.

La « banque de l'ombre » (*shadow banking*) ne cesse de provoquer la perplexité des hommes politiques, le questionnement des financiers et l'inquiétude – sinon l'hostilité ! – des épargnants, depuis la crise des *subprimes* de 2007-2008. Malgré les nombreux synonymes qui lui sont associés (finance parallèle, alternative, fantôme, invisible, désintermédiée, non réglementée, « de marché », *non-banking*…), le terme de « banque (ou de finance) de l'ombre » semble s'imposer moins par sa capacité explicative que par sa puissance évocatrice. Le *shadow banking* recouvre en effet un ensemble d'activités et d'entités dont la plupart des acteurs socio-économiques contemporains ne perçoivent que les ombres – amplifiées ou déformées par les médias –, à l'instar des hommes enchaînés de la Grèce antique confrontés au mythe de la caverne de Platon. Le *shadow banking* ne se présente-t-il pas comme une des grandes allégories du début du XXIe siècle ? L'homme post-moderne serait-il victime d'un déni de réalité, craignant d'être ébloui par la lumière du monde réel ? Face à des systèmes masqués et complexes, n'est-il pas découragé par les efforts qu'exige le décryptage de connaissances encore partielles et incertaines ? Ces efforts sont pourtant le prix à payer pour interpréter et réglementer des systèmes dont la régulation conditionne le développement économique durable des pays occidentaux et le décollage des pays émergents.

Le mérite de ce septième ouvrage collectif du Cercle Turgot est de réunir des experts et des praticiens francophones – traders, analystes, universitaires – parmi les plus reconnus de la finance moderne, afin de contribuer, par leurs réflexions croisées, au passage de l'ombre à la lumière dans un vaste domaine encore à explorer. Les encours relevant du *shadow banking* sont estimés, au début de 2015, à plus de 80 Tr\$, soit un montant supérieur au PIB consolidé mondial. Ces encours s'accroissent de plus de 5 Tr\$ par an. Ils recouvrent des fonds d'investissement alternatifs, dont la disparité rend la régulation d'autant plus délicate : *private equity*, fonds de placement, fonds d'investissement, fonds monétaires non cotés, crédit coopératif, crédit inter-entreprises... Ils répondent à des besoins spécifiques de financement et de couverture des risques de l'économie réelle, mais leurs activités, souvent liées à celles des banques conventionnelles, sont porteuses de risques systémiques.

Sept années après l'éclatement de la crise des *subprimes*, les auteurs s'efforcent de répondre aux principales questions soulevées par le phénomène du *shadow banking* : quelle est sa dimension réelle ? Quelles raisons expliquent son expansion accélérée ? Quels rôles économiques précis exerce-t-il ? Comment a-t-il favorisé la propagation des risques systémiques ? Les auteurs observent que les systèmes financiers réglementés et non réglementés traversent une phase de profonde mutation. Ils montrent que l'univers du *shadow banking* est en expansion rapide sous les effets conjugués de l'innovation financière et de la montée des besoins de financement au moindre risque de l'économie réelle. Ils conviennent que l'expansion de ce nouvel écosystème de la finance n'en est qu'à ses débuts et que sa maturation devrait être longue et difficile. Ils s'accordent à reconnaître que les problématiques soulevées par la propagation du *shadow banking* varient en fonction des structures, des processus et des cultures propres aux systèmes financiers anglo-saxons – dominés par la finance de marché –, aux systèmes des pays de la zone euro – principalement financés par du crédit bancaire – et aux systèmes hybrides (intermédiés et désintermédiés) des BRIC et des pays émergents. Les auteurs analysent les risques de dérives et les externalités potentielles de ces systèmes, ainsi que les risques systémiques de leur contagion à la finance réglementée. Ils constatent que les voies d'extension au *shadow banking* de la régulation bancaire conventionnelle (soumise aux règles de Bâle II et Bâle III) sont étroites et multiples, et qu'une régulation inappropriée serait préjudiciable à l'ensemble du système financier. Leurs analyses et leurs propositions appréhendent les dimensions économique mais aussi sociale et psychologique de ces effets. L'originalité de leurs contributions, par rapport aux nombreux rapports officiels (notamment du FSB et du FMI) sur le sujet, réside dans l'originalité de leurs hypothèses, dans l'audace de leurs conclusions et dans la vivacité de leur style.

Par sa contribution à un débat essentiel du monde moderne, cet ouvrage s'inscrit donc bien dans la mission du Cercle Turgot qui est de favoriser la compréhension des mécanismes économiques et financiers contemporains.

Jean-Louis Chambon

Président-fondateur du Cercle Turgot

ADRIAN T., ASHCRAFT A., CETORELLI N. (2013). « Shadow Banking Monitoring », Federal Reserve Bank of New York, Staff Reports, n° 638.

AGLIETTA M., GUO BAI (2012). *La Voie chinoise, capitalisme et empire*, Odile Jacob.

ALLEN F., CHAKRABARTI R., DE S., QIAN J., QIAN M. (2012). « Financing Firms in India », *Journal of Financial Intermediation*, 21 (3).

ALLEN F., QIAN J., QIAN M. (2005). « Law, Finance, and Economic Growth in China », *Journal of Financial Economics* 77 (1).

ASSOCIATION D'ÉCONOMIE FINANCIÈRE (2013). « La finance non réglementée », *Revue d'économie financière*, n° 109.

ASSOCIATION FOR FINANCIAL MARKETS IN EUROPE (2014). *High-Quality Securitisation for Europe : The Market at a Crossroads*.

ASSOCIATION FOR FINANCIAL MARKETS IN EUROPE (2014). *Funding the EU Economy : The Role of Banks and Financial Markets*.

AUTORITÉ DE CONTRÔLE PRUDENTIEL ET DE RÉSOLUTION (2014) « Le marché de la titrisation en Europe : caractéristiques et perspectives », *Analyses et synthèses*, n° 31.

BANQUE CENTRALE EUROPÉENNE (2014). « Banking Structures Report ».

BANQUE CENTRALE EUROPÉENNE (2014). « The Euro Area Bank Lending Survey ».

BANQUE CENTRALE EUROPÉENNE (2014). « Deleveraging Patterns in the Euro Area Corporate Sector », *Monthly Bulletin*.

BANQUE CENTRALE EUROPÉENNE (2013). « Enhancing the Monitoring of Shadow Banking », *Monthly Bulletin*.

Banque centrale européenne (2013). « Survey in the Access to Finance of SMEs in the Euro Area ».

Banque centrale européenne (2012). « Shadow Banking in the Euro Area : An Overview », *Occasional Paper Series*, avril.

Belleflamme P., Lambert T. et Schwienbacher A. (2013). « Individual Crowdfunding Practices », *Venture Capital : An International Journal of Entrepreneurial Finance*, 15 (4), 313-333.

Bric (2013). « Finance de l'ombre ou finance criminelle ? », *Humanisme et entreprise,* n° 314.

Brunnermeier M. et Pedersen L.H. (2009). « Market Liquidity and Funding Liquidity », *The Review of Financial Studies*, 22, 2201-2238.

Bryane M. (2013). *Playing the Shadowy World in the Emerging Market Shadow Banking*, Moscow School of Management Skolkovo Report.

Claessens S., Ratnovski L. (2014). « What is Shadow Banking ? », *IMF Working Paper.*

Commission européenne (2013). *Le Financement à long terme de l'économie européenne*, Livre vert.

Commission européenne (2014). « On Long-Term Financing of the European Economy ».

Committee on the Global Financial System (2014). « Market-Making and Proprietary Trading », Industry Trends, Drivers and Policy Implications, Bank of International Settlements (BIS).

Conseil de stabilité financière (2014). *Global Shadow Banking Monitoring Report*, octobre.

Couppey-Soubeyran J., Garnier O. et Pollin J.-P. (2012). *Le Financement de l'économie dans le nouveau contexte réglementaire*, Conseil d'analyse économique.

De Buysere K., Gajda O., Kleverlaan R. et Marom D. (2012). « A Framework for European Crowdfunding », *www.crowdfundingframework.eu.*

DIDIER T., SCHMUKLER S.L. (2013). « The Financing and Growth of Firms in China and India : Evidence from Capital Markets », *Journal of International Money and Finance*, 39.

DREHMANN M. et NIKOLAOU K. (2008). « Funding Liquidity Risk : Definition and Measurement », European Central Bank, *Working Papers Series*.

FONDS MONÉTAIRE INTERNATIONAL (2014). « Shadow Banking Around the Globe » (chap. 2), in *Global Financial Stability Report*, octobre.

FONDS MONÉTAIRE INTERNATIONAL (2014). « Risk Taking, Liquidity, and Shadow Banking », *Global Financial Stability Report* (GFSR).

GARNIER O. (2012). « Vers quel nouveau modèle de financement de l'économie en France et dans la zone euro ? », Conseil d'analyse économique.

HERRERA R. (2013). « La domination de la haute finance états-uniennes : origines, mécanismes, alternatives », *Marché et organisation*, n° 20.

KASERER C., RAPP M. (2014). « Capital Markets and Economic Growth : Long Term Trends and Policy Challenges », *Research Report*.

KERR W., NANDA R. (2014). « Financing Innovation », *HBS Working Paper*.

LE PENDEVEN B. (2015). « *Crowdfunding* : définitions, enjeux, modèles et perspectives du financement participatif sur le Web », *CNAM Working Paper*.

LEVIN P. (2008). « Culture and Market : How Economic Sociology Conceptualizes Culture », *The Annals of the American Academy of Political and Social Science*, septembre, vol. 619, n° 1.

LI J., HSU S., QIN Y. (2014). « Shadow Banking in China : Institutional Risks », *China Economic Review*, n° 131.

LUCK S., SCHEMPP P. (2014). « Banks, Shadow Banking, and Fragility », *BCE Working Paper*, n° 1726.

Massolution (2012). « Crowdfunding Industry Report », *www.massolution.com*.

McMillan J.[1] (2014). *The End of Banking – Money, Credit and the Digital Revolution*, Éditions Zéro/One Economics Gmbh.

Meyer C. (2014). *La Chine banquier du monde*, Fayard.

Mollick E. (2013). « The Dynamics of Crowdfunding : An Exploratory Study », *Journal of Business Venturing*.

Nakamoto S. (2009). « Bitcoin : a Peer-to-Peer Electronic Cash System », *www.bitcoin.org*.

Nouy D. (2013). « Les risques du *shadow banking* en Europe », *ACP – Débats économiques et financiers*.

OCDE (2013). *Role of Banks, Equity Markets and Institutional Investors in Long-Term Financing for Growth and Development*, Report for G20 Leaders.

Pluchart J.-J. (1996). « Négociation : la leçon chinoise », *Revue française de gestion*.

Pluchart J.-J. (1999). *La Crise coréenne, grandeur et décadence d'un modèle de performance*, L'Harmattan.

Schwienbacher A., Larralde B. (2010). « Crowdfunding for Small Entrepreneurial Ventures », *SSRN Electronic Journal*.

Shiller R. (2003). *The New Financial Order : Risk in the 21st Century*, Princeton University Press.

Stiglitz J. (2004). *La Grande Désillusion*, Fayard.

Tirole J. (2011). « Illiquidity and All Its Friends », *Journal of Economic Literature*, 49, 287-325.

Véron N. (2013). « Bank versus Non-Bank Credit in the United States, Europe and China », Bruegel Policy.

---

1. « Jonathan McMillan » est le pseudonyme collectif utilisé par les deux auteurs de cet ouvrage.

Wang Y., You J., Shao L. (2014). « Study on the Innovation Model of Governemental Finance for Technology-Oriented Small and Medium-Sized Enterprises », *in* Liu Zeting, *La Chine innove – Politiques publiques et stratégies d'entreprise*, L'Harmattan.

Wehinger G. (2012). « Bank Deleveraging, the Move from Bank to Market-Based Financing, and SME Financing », *OECD Journal : Financial Market Trends*, vol. 1.

World Economic Forum Report en collab. Wyman O. (2011). « The Future of Long-Term Investing ».

Yorulmazer T. (2014). « Litterature Review on the Stability Funding Models », *FRBNY Economic Policy Review*.

Les auteurs de l'ouvrage

François Baudu

- Ancien élève de Harvard Business School, The University of Manchester Institute of Science and Technology, et de l'EM Strasbourg.
- Il travaille actuellement dans le département Stratégie & Innovation de la Banque de financement et d'investissement du groupe BNP Paribas.
- Il a exercé, pendant près de vingt ans, différents métiers au sein des marchés de capitaux de plusieurs groupes bancaires étrangers (vente, origination, structuration) et a assumé la responsabilité de grands comptes dans le secteur des institutions financières et de l'assurance.
- Passionné d'économie, il est secrétaire général adjoint de la Ligue européenne de coopération économique.

Jean-Paul Betbèze

- Economic advisor de Deloitte,
- Membre du bureau du Conseil national de l'information statistique
- Membre du Cercle des économistes
- Président du Comité scientifique de la Fondation Robert Schumann
- Membre de l'Académie des sciences commerciales,
- Professeur honoraire d'Université (agrégé des Facultés, professeur à Paris Panthéon-Assas).

Pascal Blanqué

- Ancien élève de l'École normale supérieure (ENS), diplômé de l'IEP Paris, docteur en sciences de gestion de l'université Paris-Dauphine.

- Est actuellement *chief investment officer* et directeur général délégué d'un des principaux gestionnaires d'actifs mondiaux. Il a été précédemment chef économiste d'un grand groupe bancaire international.
- Économiste et historien, il est l'auteur de plusieurs publications (Éd. Economica) dont : *Money, Memory and Asset Prices* (2010) ; *The Social Economy of Freedom* (2011) ; *Grammatica Economica* (2012) ; *Philosophy in Economics* (2012) ; *Essays in Positive Investment Management* (2014).
- Il a été désigné *European CIO of the year* (2013) par le magazine *Funds Europe*.

Christian de Boissieu

- Professeur à l'université Paris-I Panthéon-Sorbonne.
- Président du comité scientifique du Labex « Régulation financière ».
- Membre du collège de l'AMF.

Jean-Louis Chambon

- Ancien élève de l'Institut de haute finance (IHFI) et de l'Institut supérieur de la banque.
- Président du Prix Turgot.
- Président d'honneur et fondateur du Cercle Turgot.
- Past-président de la Fédération nationale des cadres dirigeants.
- Past-directeur (Groupe Crédit Agricole).
- Chroniqueur dans différentes revues financières.
- Chroniqueur économique à Canal Académie (à l'Institut de France) et à RCF.

Dominique Chesneau

- Diplômé de l'ESSEC.
- Ingénieur ETP.
- Il a exercé des fonctions financières en entreprises et au sein des marchés de capitaux du Crédit Lyonnais

avant d'être associé de PWC et Deloitte spécialisé dans les services financiers et la trésorerie d'entreprise.
- Il préside une société de conseil en gestion de risques financiers.
- Co-auteur de quatre ouvrages et de nombreux articles de presse professionnelle.
- Directeur de thèses professionnelles et chargé de cours à HEC et Paris-Dauphine.
- Membre de la Commission Économie et Financement du MEDEF et du club de lecture du Prix Turgot.

Alexis Collomb
- Professeur au CNAM – finance de marché.
- Directeur du département Économie Finance Assurance Banque (EFAB-CNAM).
- Membre du comité scientifique du Labex « Régulation financière ».

Jean-Claude Gruffat
- Depuis décembre 2014, *managing director* de Galileo Global Advisors.
- De 1998 à 2014, directeur général exécutif de Citigroup en France.
- De 1973 à 1998, il a exercé de nombreuses responsabilités internationales (Asie, Moyen-Orient, Amérique du Nord) au sein de Banque Indosuez, y compris après son acquisition en 1996 par le groupe Crédit Agricole.
- Conseiller du commerce extérieur de la France depuis 1984, il a présidé de 2008 à 2011 l'American Chamber of Commerce in France.
- Depuis 2008 gouverneur de l'American Hospital of Paris et membre de son comité financier.
- Membre de l'Economic Club de New York ; membre fondateur et administrateur de United Way Tocqueville en France.

- Titulaire d'un doctorat d'État en droit public ainsi que d'un DESS en science politique de l'université de Lyon, du diplôme de l'IEP et du diplôme supérieur de l'Institut de droit du travail, il a suivi en 1987 le Stanford Executive Program, GSB, Stanford University, CA.

Vivien Levy-Garboua

- Diplômé de l'École polytechnique, de l'École des mines, et titulaire d'un PhD en économie d'Harvard.

- A fait toute sa carrière bancaire chez BNP Paribas où il a été membre du comité exécutif depuis 1989.

- Économiste et auteur de plusieurs ouvrages, dont *Macroéconomie contemporaine* (Economica, avec Bruno Weymuller), *La Dette, le Boom, la Crise* (1986, Économica avec Gérard Maarek), et plus récemment *Macropsychanalyse, l'économie de l'inconscient* (PUF, 2007 avec Gérard Maarek), *Les 100 mots de la crise financière* (PUF, 2009 avec Bertrand Jacquillat) et *Capitalisme, finance, démocratie, le nouveau malaise* (Economica, 2014, avec Gérard Maarek).

Gérard Maarek

- Diplômé de l'École polytechnique et de l'Ensae.

- A été secrétaire général de l'Insee et, de 1992 à 2000, responsable des études économiques au Crédit Agricole.

- Consultant indépendant, il est depuis 2005 *senior adviser* à l'Edhec.

- Auteur. Parmi ses livres récents : *Économie de l'enlisement* (1997, Économica), *Macroéconomie et gestion d'actifs* (2003, Économica) et *Macropsychanalyse, l'économie de l'inconscient* (2007, PUF, avec Vivien Levy-Garboua).

Constantin Mellios

- Professeur de finance à l'université Paris-I Panthéon-Sorbonne.
- Membre du comité scientifique et ancien membre du comité exécutif du Labex « Régulation financière ».
- Ancien directeur du laboratoire de recherche en sciences de gestion PRISM-Sorbonne.
- Responsable du master 2 « Finance de marché ».

Jean-Jacques Pluchart

- Diplômé de Sciences Po et de l'IHFI, docteur d'État en économie et HDR en gestion, il est professeur à l'université Paris-I Panthéon-Sorbonne.
- Il a exercé pendant vingt ans des fonctions financières au sein du groupe Total et présidé une de ses filiales.
- Auteur ou co-auteur de trente-trois ouvrages et d'une centaine d'articles et de communications académiques. Son livre sur l'ingénierie financière de projet a reçu le prix spécial Turgot 2000.
- Administrateur du Cercle Turgot et vice-président de l'Association des anciens élèves de l'Institut de haute finance.

www.ingramcontent.com/pod-product-compliance
Lightning Source LLC
La Vergne TN
LVHW051219060726
842526LV00013B/2827